Languedoc-Roussillon

Gisela Buddée

Neu: Exklusive Reisetipps auf www.merian.de!

- **Gratis mehr Informationen:**
  Entdecken Sie den Premium-Bereich von www.merian.de
- **Topaktuelle Zusatznutzen:**
  Reiseberichte, Shopping, Tipps und Informationen
- **Neue Reiseziele entdecken:**
  über 5000 Destinationen weltweit
- **Einfach auf www.merian.de**
  Ihren persönlichen Zugangscode eingeben: **20050009**

Inhalt

Erläuterung der Symbole

Für Familien mit Kindern besonders geeignet

Diese Unterkünfte haben behindertengerechte Zimmer

CREDIT *Alle Kreditkarten werden akzeptiert*

Keine Kreditkarten werden akzeptiert

Preise für ein Doppelzimmer mit Frühstück in der Hauptsaison Mai bis September:

●●●● *ab 120 €* ●● *bis 50 €*
●●● *bis 70 €* ● *bis 38 €*

Preise für ein Hauptgericht (ohne Getränke):

●●●● *ab 35 €* ●● *bis 15 €*
●●● *bis 22 €* ● *bis 10 €*

Karten und Pläne

Die Buchstaben-Zahlen-Kombinationen im Text verweisen auf die Planquadrate der Karten, z. B.
→ S. 113, D 3 Kartenatlas
→ S. 57, c 2 Detailkarte innen

1. GEPRÜFTER REISEFÜHRER
MERIAN *live!*
TÜV SÜD

Schnelle Orientierung	*Klarer Aufbau. Übersichtliche Seiten, Verzeichnisse und Karten*
Kompakte Informationen	*Alles über Ziele und Umgebung in Kürze, viele nützliche Tipps*
Aktuelle Inhalte	*Angaben werden laufend kontrolliert und aktualisiert*

Das Languedoc-Roussillon stellt sich vor

Das Amphitheater von Nîmes dient nicht nur als Kulisse für einen beschaulichen Nachmittag. Dreimal im Jahr finden hier Stierkämpfe statt, aber auch Sänger und Schauspieler lieben die Atmosphäre der Arena.

Wilde Wasser, abenteuerliche Höhlen, verlassene Dörfer, lebendige Städte und rote Felsen liegen über blauem Meer zwischen Rhône, Cevennen und Pyrenäen.

Knapp 200 Kilometer hinter Lyon fängt es an. Ganz allmählich verändert sich die Landschaft, wachsen Zypressen blaugrün in den (hoffentlich) wolkenlosen Himmel, werden die von der Sonne gebleichten Ziegeldächer rosagrau, und Landkarte und Wegweiser fordern eine Entscheidung: weiter auf der **Route du Soleil**, wie die teure Autobahn freundlich verspricht, oder rechts entlang der Rhône? Rechts vielleicht, weil es schöner ist, durch das **Ardèche-Tal** zu fahren, weil man endlich den Süden erreicht hat – und der Urlaub gleich hier beginnt.

Neugierige lockt es seit Jahresbeginn 2005 vielleicht zu einem Umweg nach Westen, über Saint-Etienne und durch den zauberhaften Wallfahrtsort Le Puy-en-Velay am historischen Jakobsweg, um über dem Tarn-Tal die höchste Brücke der Welt zu bewundern oder zu befahren. Sie beseitigt nicht nur die Lücke in der Autobahn Paris–Montpellier, sondern ist schon während der Bauzeit zum Pilgerziel für die Freunde der Industriearchitektur geworden.

Von den Cevennen bis zu den Pyrenäen und zum Mittelmeer erstreckt sich westlich der Rhône eine der ältesten Kulturlandschaften Frankreichs, deren zahlreiche Freunde meist mehr als Sand und Strand suchen, auch wenn es beides reichlich gibt. Wer hierher kommt, möchte auch wandern oder klettern und im Winter Ski laufen. Oder er ist neugierig auf die vielen Spuren der Vergangenheit. Auf diese trifft man in den fünf Départements **Lozère, Gard, Hérault, Aude** und **Pyrénées-Orientales**, die alle zum Languedoc-Roussillon gehören, eigentlich auf Schritt und Tritt.

Bilder von vor 32 000 Jahren

Um einiges älter als die berühmten Höhlenmalereien von Lascaux in der Dordogne – auf bis zu 32 000 Jahre – schätzen Experten das Alter der **Felsmalereien**, die der Höhlenforscher Jean-Marie Chauvet im Winter 1994/95 bei **Vallon-Pont-d'Arc** im Ardèche-Tal entdeckte: Ganze Herden von Wildpferden, Rindern, Raubkatzen und Rhinozerossen schienen den Wissenschaftlern im Gefolge Chauvets aus einer steinzeitlichen Bildergalerie entgegenzuspringen. Dass diese Urbilder nicht im Original zur Besichtigung freigegeben werden, ist schon beschlossen. Aber in Vallon-Pont-d'Arc zeigt eine Ausstellung Fotografien und einen Film über die sensationelle Entdeckung. Die Erfahrungen mit Lascaux zeigten, dass Atemluft und Schweiß der Besucherscharen den prähistorischen Kunstwerken mit der Zeit so zusetzen, dass der Traum des Bürgermeisters von seinem touristisch aufstrebenden 2000-Seelen-Dorf erst einmal Vision bleibt. Gendarmen hüten den Schatz hinter Stahltüren, und nur Forschern wird Zugang gewährt. Leichter zugänglich im oft kargen Land zwischen Rhône, Mittelmeer und Pyrenäen sind dagegen die Hinterlassenschaften der Römer und Griechen, Kimbern und Teutonen, Phönizier, Iberer, Araber und Kreuzzügler: Kirchen und Klöster, Weinberge und Festungen, enge Gassen und Platanenalleen, Höhlen, amphitheaterähnliche Kalkkessel oder Brunnen, aus denen bisweilen sogar warmes Wasser sprudelt. Felsenmeere und Wasserfälle bestimmen das Gesicht dieser Landschaft. Auch heute noch sind manche Orte nur zu Fuß zu erreichen.

Steine, Kalk und Schiefer

Kaum vorstellbar, dass die Ebenen einst zu den am dichtesten besiedelten Gebieten Europas gehörten. Nur wenige Kilometer abseits der großen Straßen werden verstreute Dörfer und Städtchen aus einer nur scheinbar vergangenen Zeit zur Entdeckung.

Am **Mont Lozère** liegen wie von Riesenhand geworfene, große Granitkugeln am Hang verstreut, schieben sich in den **Causses** gewaltige Kalkplateaus übereinander und pressen sich in den **Cevennen** Schieferplatten senkrecht auf. Steine überall, und viele verlassene Häuser werden zum Verkauf angeboten.

Im Tal des **Gardon** dann plötzlich ein Bambuswald. Das Mikroklima macht es möglich. Kein Wunder, dass sich hier ein Zeltplatz an den anderen reiht. Sie entstanden überall in den schönen Lagen an den Flüssen Tarn, Ardèche und Cèze.

Als ebenso resistent wie die südfranzösischen Bauern gegen die EU-Vereinbarungen der Pariser Regierung erweisen sich die historischen Gemäuer gegen neuzeitliche Stadt- und Straßenplanungen. Sie bleiben, wie sie schon immer gewesen sind. Nur dort, wo Urlauber Kletter- und Kajakparadiese entdeckt haben, wachsen die Ortsränder mit Ferienhaussiedlungen bis weit in die Berge und Täler hinein.

Dickköpfigkeit hat hierzulande eine lange Geschichte, wie der Fund zweier Schädelfragmente in den 70er-Jahren bei Tautavel im Roussillon belegte. Ihr Alter schätzt man auf etwa 455 000 Jahre, womit es sich bei ihnen um Europas älteste erhaltene Köpfe handelt. Keine Spuren gibt es aus dieser Zeit von prähistorischen Feuerstellen, dafür von Pferden, Rentieren und wildem Wein. Die Knochenfragmente und unterschiedliche Funde aus 20 Bodenschichten kann man in einem kleinen Museum bewundern und sich dort auch vom Urmenschen (über Tonband) seine Geschichte erzählen lassen.

Schafe bahnten die Wege

Erst mit Beginn des 5. Jahrhunderts vor unserer Zeitrechnung begannen die Menschen hier, Äcker zu bebauen, Vieh zu halten und sesshaft zu werden. Generationen von Schafherden grasten über viele hunderte von Jahren richtige Schneisen in die Landschaft, auf denen ihre Nachfolger noch heute zu ihren Sommerweiden gelangen. Wenige sind es geworden. Nach und nach zogen die jungen Leute aus den Cevennen, der Lozère und den steinigen Causses in das Tal und an die Küste, wo das Leben für sie erträglicher war. Einige ihrer Kinder und

Meisterhafte Steinmetzarbeiten in der Prieuré de Serrabonne bei Bouleternère.

An besonderen Festtagen kann man noch heute die traditionellen Trachten sehen.

Enkel kehrten in den letzten Jahrzehnten zurück, um die Häuser ihrer Vorfahren als Sommer- und Wochenendhäuser wieder auszubauen und sie an Urlauber zu vermieten, die den heißen Städten im Süden und den lauten Stränden am Meer den Rücken kehren wollen. Mittlerweile steigt auch im Winter immer öfter Rauch aus den Kaminen der Wohnhäuser und der Hotels, spätestens dann, wenn die Städter zum Skilanglauf in die nahen Berge kommen. Eisig kalt bläst hier oben der Nordwind, während man sich an der Küste noch zum Apéritif auf der sonnenwarmen Terrasse trifft.

Städte mit Moderne und Antike

Die von Paris lange vergessenen Städte des Midi sind schön geworden, wenn auch zum Teil gegen den erbitterten Widerstand der Bewohner. Dennoch, die zunächst geschmähten postmodernen Prachtbauten brachten den verantwortlichen Bürgermeistern letztlich doch die gewünschten Wahlerfolge. Erst die seit 1982 von Mitterrand ermöglichte Dezentralisierung machte dies möglich, weil sie den Bürgermeistern das Recht verlieh, auch ohne Einverständnis der Zentralregierung in der Hauptstadt Baugenehmigungen zu erteilen. In **Montpellier** und **Nîmes** kontrastiert die Architektur des ausgehenden 20. Jahrhunderts mit der der Römer, ohne sie zu stören. Vielleicht liegt es auch daran – und an der »ausverkauften« Provence –, dass nun die Immobilienpreise in der Region rasant steigen, während immer mehr Franzosen aus dem Norden hier ein Domizil für den Ruhestand suchen. Oder eine Geldanlage.

Parallel zur **Via Domitia**, der 118 v. Chr. begonnenen Piste zum Mittelmeer hin, verbindet die Autobahn schon seit Jahren Ferienorte bis zur spanischen Grenze. Noch finden zu wenige Urlauber Gründe, ins Land abzubiegen, obwohl immer mehr Tourismusinitiativen mit den Reizen der Region werben, die wie geschaffen scheint zum Wandern, Kanufahren und Angeln. Um Pfingsten herum, und manchmal auch noch während der französischen Sommerferien im Juli und im August, drängeln sich Franzosen, Belgier, Deutsche und Engländer in Kajaks und Kanus in den Schluchten der dann wilden Flüsse. Eng wird es auf der Ardèche, gemütlicher geht es auf der stilleren und flacheren Cèze zu. Energisch vertreiben die Einheimischen mittlerweile die Fülle wilder Camper aus Wäldern und Wiesen.

Von etwa sechs Millionen Urlaubern, die Jahr für Jahr in Frankreichs drittgrößte Ferienregion kommen, zieht es die meisten ans Meer. Hauptferienziele sind die Départements Hérault und Pyrénées-Orientales. Nur sechs Prozent der Besucher verbringen ihre Ferien im Département Lozère im Norden der Cevennen in sommerkühlen Wäldern und Bergen. Drei Viertel von denen, die sich nach dem Frühstück mit Kindern, Hund und Oma einen Platz an den weiten Stränden suchen, sind Franzosen. Anfang der 60er-Jahre war in Paris die Idee entstanden, den fast 200 Kilometer langen Sumpfstreifen an der Küste trockenzulegen und Ferienzentren aus dem Sand zu stampfen. Der den Küstenbewohnern versprochene wirtschaftliche Aufschwung durch Ausnutzung von Küste und Klima floss allerdings wie so oft in die Taschen der Pariser Investoren. Der Plan, die Franzosen, die bislang an der spanischen Küste Urlaub machten, im Lande zu halten, ging jedoch auf; zudem ist das Languedoc-Roussillon schon Frankreichs führende Nudistenregion, und in vielen Bade- und Kurorten wird seit einigen Jahren Thalassotherapie angeboten, der ideale Wellness-Urlaub für Wasserfreunde.

La Grande-Motte, der »große Steinhaufen« westlich des Fischerdörfchens **Le Grau-du-Roi**, erregte mit seinen pyramidenförmigen Häusern, die so konstruiert wurden, dass in alle Appartements möglichst lange Sonne und Licht einfällt, weltweites Aufsehen. Der sechs Kilometer lange Strand mit seinen Diskotheken, Restaurants und dem Yachthafen lockt immer noch alle diejenigen in das zu Beginn umstrittene Bauprojekt, die an der Küste nicht nur Erholung suchen. Auch bei den Franzosen aus den nahen Städten gilt die Anlage als wesentlich schicker als das »gewöhnliche« und gewachsene Le Grau-du-Roi. Dafür ist das diesem benachbarte **Port-Camargue** mit 4500 Liegeplätzen einer der größten Yachthäfen Europas. Größter Badeort der Region aber bleibt unangefochten **Cap d'Agde** mit 160 000 Betten.

Kleiner und weniger extravagant reihen sich die Küstenorte bis **Sète** aneinander, meist auf Landzungen den vormals winzigen Orten vorgelagert, die oft kaum etwas von ihrem ursprünglichen Charakter bewahrt haben. Die Reihe der Feriendörfer setzt sich hinter Sète, hauptsächlich mit Retortenorten, fort. Erst im **Roussillon**, vor den Ausläufern der Pyrenäen unterhalb einer der schönsten Straßen im Süden gelegen, erreicht man die hübschen kleinen, traditionsreichen Badeorte mit ihren grauen Kieselstränden. Der bekannteste und auch schönste von ihnen ist auf jeden Fall **Collioure**.

Drum herum wieder vergessene Dörfer, sommergraue trockene Wäldchen, Karsthügel, Zypressen, Burgruinen und eine beeindruckende Klosteranlage. An der noch gut erhaltenen **Abbaye de Fontfroide** gingen die Religionskriege und die Revolution fast spurlos vorüber. Und dann liegt Spanien schon ganz nah. Perpignan, die südlichste und heißeste Großstadt Frankreichs, lockt mit katalanischem Flair. Neben Barcelona ist dies das wichtigste Zentrum Kataloniens, da sich viele Spanier auf der Flucht vor Bürgerkrieg und Franco-Regime hier niedergelassen haben.

Bilderbuchküste am Pyrenäenfuß

An Sommerabenden wird in Perpignans Altstadt die Sardana getanzt, und die Karfreitagsprozession begeht man mit ziemlich unfranzösischer Inbrunst. Die Berge werden schroffer, und vor einem Bilderbuchhintergrund mit rostroten Felsen und grünen Reben erstreckt sich die Küste, die **Côte Vermeille**, über blauem Wasser und unter strahlendem Himmel. Neben Kaufleuten und Fischern hatten viele Maler sich hier niedergelassen. Auch für Henri Matisse stellte **Collioure** die preisgünstige Alternative zur

Über den Kanal unter Platanen

noblen und teuren Côte d'Azur dar. Céret und Collioure zeigen in ihren Museen die Gemälde der Fauvisten, wie man die Künstler der wilden Pinselstriche nannte.

Dem Land des Wassers und der Steine schließt sich im Süden und zum Mittelmeer hinunter das des Weines an – und das der Kanalfahrten. Nur geht es auf dem **Canal du Midi**, vorbei an Rebhügeln und unter schattigen Platanenalleen hindurch, weit beschaulicher zu als in den nördlich gelegenen Schluchten. Bis nach **Carcassonne** kann man von **Béziers** aus tuckern. Die mittelalterliche Oberstadt von Carcassonne, **la Cité** – abends beleuchtete Kulisse über dem unscheinbaren Ort und sommers Theatersaal für romantisierende **Historienspiele** –, gehört zu den meistbesuchten Touristenzielen Europas. Entsprechend voll ist es dort auch. Ganz in der Nähe, auf dem Weg ins Weinland **Corbières**, liegt einer der schönsten Flecken der Küste, der **Etang de Bages**, sozusagen »ein See am Strand« mit zwei hübschen Dörfern an seinem Ufer.

Languedoc und Roussillon bergen eine Fülle römischer und romanischer Kunstschätze in den Wehrkirchen und Kathedralen von **Béziers** bis **Perpignan** und **Saint-Gilles** im Gard. Allein im Roussillon gibt es 220 romanische Bauwerke, 750 barocke Retabeln und über 100 romanische Madonnen. Kurz, man hat die Möglichkeit zum Kirchen-Marathon. Wer Zeugnisse römischer Baukunst außerhalb Italiens sucht, wird nirgends so viele finden wie hier, darunter einige, die wie der 2000 Jahre alte Pont du Gard unübertroffen sind. Als Teil einer Wasserleitung zwischen Uzès und Nîmes nach akribischer Planung gebaut, erfüllte das antike Meisterwerk über lange Zeit seinen Zweck. Der gesamte Verlauf der Leitung soll nach und nach wieder sichtbar werden, denn

In den Cevennen trifft man häufig auf bezaubernd verschlafene Orte wie Bedoues bei Florac mit seiner Kirche aus dem 14. Jahrhundert.

Wie von Riesenhand bearbeitet wirken diese Felsformationen im Cirque de Mourèze.

die Pflege des regionalen Kulturgutes als öffentliche Aufgabe ist in Frankreich unumstritten.

Zu den bizarren Baudenkmälern der Region gehören die Katharerburgen, die zwischen Obst- und Weinfeldern aus den Bergen zu wachsen scheinen – Erinnerungen an eine Religion, die keine Kirchen und nur Geschichten von Kampf und Vertreibung sowie Mythen hinterlassen hat. Im 12. Jahrhundert als Gegner von Papst und König und somit als Ketzer verfolgt, verstanden sich die Katharer – wie schon ihr aus dem Griechischen stammender Name besagt – als die »Reinen«, die ein asketisches Leben führten und das Töten – auch von Tieren – ablehnten. Viele endeten auf dem Scheiterhaufen.

Die ehemals reiche Region, durch die Händler aus allen Teilen des Kontinents zogen, steht heute ohne bedeutende Industrie da. Landwirtschaft und Weinanbau, deren Zukunft die Bauern und Winzer in den EU-Sternen geschrieben sehen, könnten dank der viel gescholtenen europäischen Wirtschaftsunion wieder aufleben. Doch zu viele Faktoren stehen dem anscheinend entgegen. Welche Rolle sollte das Languedoc-Roussillon nach dem Wegfall der Handelsschranken spielen? Trotz der Lage zwischen dem wirtschaftlich starken Großraum Barcelona im Süden und den Hightech- und Elektro-Metropolen Mailand und München im Nordosten behaupten sich Nîmes, Montpellier und Alès gemeinsam als Hochtechnologie-Route. Und die regionalen Weine, auf 500 000 Hektar angebaut, finden zunehmend Freunde.

Wege für Kulturbeflissene

65 000 Bewohner der Region leben ständig, 32 000 weitere als Saisonkräfte, vom Tourismus. Damit hat dieser Wirtschaftszweig dieselbe Bedeutung wie Bau- und Landwirtschaft. 4 bis 5 Milliarden Euro lassen die Fremden jährlich dort – 1677 Euro etwa pro Jahr und Einwohner, also gerade einen Monatslohn.

Gewusst wo ...

Das Languedoc-Roussillon ist das weltweit größte Weinanbaugebiet, und auf zahlreichen Gütern – wie hier bei Argelès-sur-Mer südöstlich von Perpignan – kann man die guten Tropfen auch gleich verkosten.

Schlafen im »Grand Hôtel«, auch wenn es klein ist, Austern zum Wein, der hinterm Haus wächst, Stierkämpfe in Dorf-Arenen – das Languedoc-Roussillon hat zahlreiche Highlights zu bieten.

Übernachten

Luxushotel oder Ferienhaus? Hinterland wie Küste lassen keinen Unterkunftswunsch unerfüllt.

Ein paar Tische unter Bäumen vor einer alten Villa und himmlische Ruhe ... so ähnlich sieht das Traumdomizil vieler Urlauber aus.

Neben den großen, guten und komfortablen **Hotels** mit Preisen, die selten denen zu Hause Konkurrenz machen, gibt es an der Küste und im Landesinneren eine reiche Auswahl anderer Übernachtungsmöglichkeiten. Für die Sommerferien sollte man seine Unterkunft lange genug vorbestellen, am besten im Frühjahr. Da aber auch die Franzosen seit einigen Jahren mit ihren Ferienbudgets knausern, finden Rundreisende, die sich in der Planung nicht zu sehr festlegen mögen, selbst in der Hochsaison und sogar am Meer spontan ein Hotelzimmer, das allerdings meistens der oberen Preisklasse zuzurechnen ist.

In Frankreich ist es üblich, ein Hotelzimmer zu besichtigen, bevor man sich dafür entscheidet. Wundern Sie sich also nicht, wenn man Ihnen einen Schlüssel in die Hand drückt und die Richtung weist. Französische Hotels haben eigentlich keine Einzelzimmer. Das Zimmer mit dem »grand lit« – bei dem zwei Schläfer oft in der durchgelegenen Kuhle in der Mitte zusammenrollen – wird als Einzelzimmer nur unwesentlich billiger abgegeben. Frühstück ist im Zimmerpreis meist nicht enthalten. Wo es für 6 bis 16 € angeboten wird, besteht es meist aus mehr als einem Kaffee, Croissant oder Zwieback und etwas Marmelade. Da ist es günstiger und landesüblich, sein Croissant beim Bäcker zu holen und damit zum »café au lait« in die nächste Bar zu gehen.

Hotellisten der gesamten Region erhält man bei den Fremdenverkehrsämtern. Daneben gibt es den alle zwei Jahre aktualisierten Führer **Logis de France**, in dem kleine und mittlere Hotels, Familienbetriebe mit und ohne Restaurant in Ferienregionen außerhalb der Städte vorgestellt werden. Eine Klassifizierungskommission verleiht diesen Betrieben nach den Kriterien Zuvorkommenheit, Komfort und Bedienung ein, zwei oder drei »Kamine«. Das über 4000 Hotels umfassende Verzeichnis gibt es in Hotels, an Tankstellen und in Buchläden.

Die **Ferienhäuser** auf dem Land heißen »gîtes ruraux« und sind für die Unterbringung kleiner Gruppen oder größerer Familien geeignet. Vermietet werden sie nur wochenweise, in den Ferien oft nur pro Monat. Ein Verzeichnis ist bei den regionalen Tourismusverbänden erhältlich.

Ferienwohnungen an der Küste werden von Agenturen vermittelt. Mindestmietdauer eine Woche, häufig sogar nur monatsweise Vermietung. Adressen der Agenturen wie der regionalen Hotels enthält die Broschüre **Hôtels et Résidences**, erhältlich beim **Comité Régional du Tourisme** (→ Auskunft, S. 107).

Recht häufig werden in Frankreich **Privatzimmer** vermietet. Man findet sie dort, wo es kaum andere Unterkunftsmöglichkeiten gibt. Erkennbar sind die Zimmer an dem Schild »chambres d'hôte«. Wer Französisch spricht, kann auch im nächsten Café nachfragen.

Ganz Mutige verlassen sich auf ihr Glück und folgen, wenn sie nicht länger bleiben wollen und auf einer Rundreise sind, einem Wegweiser, der »table d'hôte« verheißt. Versprochen wird damit ein kleines Restaurant, in dem man mit wenigen anderen Gästen die vorgeschlagene, meist sehr gute Mahlzeit einnimmt und häufig auch ein Zimmer zum Übernachten mieten kann. Natürlich empfiehlt es sich, rechtzeitig danach zu fragen. Man sollte hier zwar weder ein Billigmenü noch ein simples Nachtquartier erwarten, kann aber normalerweise mit einem angemessenen Preis-Leistungs-Verhältnis rechnen.

Empfehlenswerte Hotels und andere Unterkünfte finden Sie bei den einzelnen Orten im Kapitel »Unterwegs im Languedoc-Roussillon«.

Essen und Trinken

Deftige Küche gibt es in den Bergen, im Süden die leichtere mediterrane Kost.

Wohlschmeckende Gerichte aus Fisch und Meeresfrüchten dominieren die Speisekarten an Frankreichs Mittelmeerküste.

Als Reiseziel für Feinschmecker galt das Languedoc-Roussillon nie. Zu Unrecht, stellte der **Gault Millau** fest, der die bei französischen Köchen so begehrten Kochmützen – rote für die kreative, weiße für die moderne oder traditionelle Küche – verleiht und die Region schon vor Jahren zum Hauptthema seines Magazins machte. Auf wunderschönen Fotos ringeln sich dicke Schiffstaue am Hafen von Sète um Tintenfischtörtchen herum, blitzt das Lorbeerblatt in der Sonne zwischen glänzenden Miesmuscheln, präsentieren sich der Fischer und seine Frau lächelnd und sichtlich dankbar für das neue Renommee vor ihrem hübschen Restaurant. Da gilt erst der zweite Blick den Preisen. Wer ein Menü für etwa 25 € bestellt, darf die Güte einer (weißen) Kochmütze erwarten. Es gibt sie jedoch auch zum doppelten Preis.

Zugegeben, essen ist in Frankreich eben teurer als schlafen, was der, der sich gerne kulinarisch verwöhnen lässt, bereitwillig in Kauf nimmt. Andererseits kann man auch wunderbar für 15 € und mittelmäßig für 20 € essen. Ein bisschen Glück gehört manchmal schon dazu. Die berufsmäßigen Feinschmecker haben ihre Nase schließlich noch nicht in jede Küche gesteckt und so die Preise hoch getrieben.

Zum Essen trinken die Franzosen in erster Linie Wasser, »eau minérale«, mit, »eau gazeuse«, oder ohne Kohlensäure, »eau naturelle«, und oft auch Leitungswasser, »eau plate«. Dazu steht gelegentlich auch eine halbe Flasche Wein auf dem Tisch.

Wasser und Wein

Überall werden auch Weine aus den verschiedenen Landesregionen angeboten. Sie sind meist nicht im Menüpreis enthalten.

Mit dem Wein ist das so eine Sache. Griechen und Römer hatten die Kunst der Rebenverarbeitung eingeführt, und nachdem sich der Anbau entlang der Via Domitia ausgebreitet hatte, machte dieser Wein dem römischen bald so ernsthafte Konkurrenz, dass Kaiser Domitian 92 n. Chr. die Hälfte der Reben in der Provinz Gallia Narbonensis vernichten ließ. Heute ist das Languedoc-Roussillon das weltgrößte Weinanbaugebiet, in allen Départements fährt der Reisende durch Weinfelder und sieht Reben an den Hängen wachsen. Aber berühmt wie vor 2000 Jahren ist der Wein dieser Gegend (noch) nicht wieder. In Monokulturen auf großen Flächen wurde so lange Masse statt Klasse erzeugt, bis der Ruf ruiniert war. Erst vor 20 Jahren begann das Umdenken. Nur etwa zehn Prozent der Produktion gehören bisher zu den Qualitätsweinen, die mit dem Gütesiegel A.O.C. (Appellation d'Origine Contrôlée) auf dem Etikett ausgezeichnet sind. Es gibt allerdings auch gute Tropfen hinter der Benennung Vin de Pays, vom verschnittenen Vin de Table allerdings sollte man die Finger lassen. Mit Rohrzucker verbessert werden dürfen beide Sorten. Zugenommen hat in den vergangenen Jahren die Zahl der Biowinzer, die auf Herbizide und Kunstdünger verzichten und lange belächelt wurden. Sie bieten ihre Weine auch auf Märkten an.

Die bäuerliche Küche in den Bergen ist einfach und kräftig. Schinken und Würste sind fett und kalorienreich. Erst jenseits der Lozère ähnelt die Kochkunst zunehmend der der Provence. In der Garrigue um Nîmes herum muss man sich nur bücken, um Thymian und Rosmarin aus dem wuchernden Unkraut zu pflücken. Daher gehören die als »herbes de Provence« bekannten Gewürze zur hiesigen Küche ebenso dazu wie der Tropfen Olivenöl zum Salat, zu Lamm und Rind.

An der Küste wird mehr Fisch gegessen, obwohl die meisten Arten, die auf den Tisch kommen, längst nicht mehr aus dem Mittelmeer stam-

Kochkünste – so verschieden wie die Landschaften

men. Die Fischsuppe ist hier, ganz anders als die um Marseille übliche **Bouillabaisse**, eine sämige Suppe, die über geröstetes Weißbrot, bestreut mit geriebenem Käse und Aïoli (einer Knoblauchmayonnaise), gegossen und oft als Vorspeise angeboten wird.

Wer am Meer Ferien macht, kann mit etwas Glück auch einmal zuschauen, wie Muscheln aus einem frischen Fang in einer Art Waschmaschine gereinigt und dann zum Verkauf verpackt werden. Die Austern kommen aus dem Bassin de Thau nahe Sète.

Mit einem nahrhaften Bohneneintopf hat sich ein Städtchen namens **Castelnaudary** hinter Carcassonne einen Namen gemacht. Dieser »cassoulet« trägt mehr zum Ruf des Ortes bei als der Hafen am Canal du Midi. Das Gericht, zu dem Speck, Schweine- und Geflügelfleisch gehören, bieten ganz verwegene Köche auch mal als Linsengericht an. Man isst es normalerweise »au confit«, mit Entenfleisch. Variationen mit Gänsefleisch werden auch gekocht, und jeder Koch in der Region besitzt sein spezielles Rezept und jeder Gourmet seinen speziellen Tipp. Generell gilt: Je öfter der Eintopf aufgewärmt wird, desto besser schmeckt er. Man kann ihn auch als Konserve mit nach Hause nehmen.

In südfranzösischen Restaurants wird in der Regel mittags zwischen 12 und 14/15 Uhr und abends ab 19 oder 19.30 Uhr und bis 21.30 oder 22 Uhr gegessen. Der »patron« (Wirt) oder der Kellner (der »monsieur« gerufen wird, nicht etwa »garçon«!) weist Ihnen den Platz an.

Bitte nennen Sie mich Monsieur!

Mögen Sie einen Apéritif? Franzosen trinken vor dem Essen gerne ein Glas Champagner. Wenn Sie die Speisekarte zuklappen, fragt der Ober nach Ihren Wünschen. Um Dessert oder Käse können Sie sich nach dem Essen kümmern. Man bringt Ihnen die Speisekarte gern noch einmal. Zeigt man Ihnen die Käseplatte, wählen Sie aus zwei oder drei Sorten. Der Kaffee (nicht Espresso) danach wird klein und schwarz und süß getrunken. Wie Sie die Rechnung untereinander aufteilen, die für den ganzen Tisch gebracht wird, müssen Sie nach dem Bezahlen regeln.

Genuss pur! Auf einen Cocktail an den Strand von Collioure mit der Kirche Notre-Dame-des-Anges im Blick.

Einfacher wird es, wenn Sie es vielen Franzosen gleichtun und sich mit dem Picknickkorb auf den Weg machen. Wo es schön ist, sind häufig Picknickplätze eingerichtet. Folgen Sie den Schildern, auf denen Tisch, Bänke und eine Kiefer abgebildet sind. An sonnigen Wochenenden halten sich einige Familien dort den ganzen Tag auf. Manchmal gibt es auch einen Kinderspiel- und – für Franzosen ist das fast wichtiger – einen Bouleplatz daneben.

Wo soll man den Picknickkorb füllen, wenn nicht auf einem der zahlreichen Märkte? Wer sich vom verführerischen Brathähnchenduft locken lässt, wird sich vielleicht vom Preis abschrecken lassen, der weit über dem liegt, was man zu Hause für ein halbes Hähnchen bezahlt. Das heißt aber nicht, dass das Geflügel sein Leben vor dem Bratspieß auf grünen Wiesen verbracht hat. Wer einen einheimischen Käse probieren möchte, greife zum Pélardon, ein kleiner Ziegenkäse, rund und flach, der von den Cevennen über die Garrigue bis zur Montagne Noire nach überlieferten Regeln hergestellt wird. Die im Freiland aufgezogenen Ziegen ernähren sich von Gräsern, Eichenlaub, Kastanien und Heidekraut und geben eine besonders würzige Milch. Der junge Pélardon, cremefarben, manchmal mit bläulichen Schimmelpilzen bedeckt, schmeckt nach Haselnuss. Drei Wochen später hat die Rinde sich dunkler gefärbt, und der Geschmack ist kräftiger. Bis zu sechs Monaten ist der Tome, ein Kuhmilchkäse aus den Cevennen, gereift. Oliven muss man mitnehmen, in Gewürze eingelegt, vielleicht in Knoblauch. Und Obst sowieso. In Céret gibt es die ersten Kirschen schon im April und Mai, 4000 Tonnen davon werden jedes Jahr geerntet. Ein Stück Wurst, salamiähnlich, kann in den Picknickkorb, ebenso eine Flasche Wasser aus der Region – das berühmte Perrier wird südlich von Nîmes abgefüllt. An Wein kann man, wenn man vom Jahrgang 2002

Der klassische französische Apéritif: mit Wasser verdünnter Pastis.

absieht, verschiedene gute Tropfen einpacken. Das Brot nicht vergessen: Es muss kein Baguette sein, wer es gern etwas dunkler hat, nimmt ein »pain de campagne«, ein Landbrot, das meist ein Roggenmischbrot ist.

In den Küstenstädten duften die Schnellimbisse für den kleineren Geldbeutel mittags mit Gaststätten um die Wette. Dort kann man fertig zubereitete Gerichte zum Aufwärmen in die Ferienwohnung tragen und panierte Tintenfischringe oder ein Pizzastück aus der Mikrowelle vor Ort verzehren. In kleinen Orten und Dörfern findet man vielleicht eine **Crêperie**, die eine kleine Mahlzeit ermöglicht.

Es ist kein Sakrileg mehr, mittags nur einen Salat zu bestellen. Immer öfter bieten auch Bars einfache und günstige Gerichte an, die »plats du jour«, die auch aus zwei Gängen bestehen können.

Empfehlenswerte Restaurants und andere Lokale finden Sie bei den einzelnen Orten im Kapitel »Unterwegs im Languedoc-Roussillon«.

Einkaufen

Duftende Kräuter, kostbares Olivenöl, Wein direkt vom Erzeuger und bibliophile Raritäten.

Die ganze Würze der Region ist auf den Märkten im Angebot. Säckeweise möchte man sie mit nach Hause nehmen, um den Urlaub noch einmal auf der Zunge zergehen zu lassen.

Kräuter muss man im Süden Frankreichs eigentlich nicht kaufen. Wer im Frühling durch die Garrigue, die Heide-, Busch- und Strauchlandschaft wie etwa in der Gegend von Nîmes, wandert, muss sich nur bücken und hineingreifen in Thymian und Rosmarin. Und wer die Sträucher später auf der Ablage im Auto in der Sonne trocknen lässt, wird noch im kommenden Jahr in einem wunderbar nach Süden duftenden Auto zur Arbeit fahren. Käuflich erwerben kann man sie natürlich auch unter dem Namen »herbes de Provence«, je nach Art der Verpackung zu unterschiedlichen Preisen.

Ein wunderbares **Öl** wird aus den länglichen grünen Oliven gepresst, die um Clermont-l'Hérault herum geerntet werden. Den »cassoulet«, einen kräftig-deftigen Bohneneintopf mit – je nach Region – Gänse- oder Entenfleisch, aber immer mit Knoblauch und Speck und unterschiedlich gewürzt, kann man in Dose oder Glas mit nach Hause nehmen.

Dem **Wein** des Languedoc-Roussillon eilt kein besonders guter Ruf voraus. Schilder an Landstraßen und in Dörfern fordern Sie zur **Dégustation**, zur Weinprobe beim Winzer, auf. Das kostet nichts und verspricht einen günstigen Einkauf, da Sie selbst den Transport übernehmen. Wenn Sie sich nicht nur auf Ihren eigenen Geschmack verlassen wollen, helfen die vier französischen Qualitätsstufen weiter: **A.O.C.** (Appellation d'Origine Contrôlée) bezeichnet das kontrollierte Anbaugebiet. Der Zusatz »supérieur« weist auf eine überdurchschnittliche Qualität hin, »cru« oder »grand cru« auf ein Spitzenerzeugnis. Dasselbe gilt für den Zusatz »cuvée« oder »grande cuvée«.

V.D.Q.S. (Vins Délimités de Qualité Supérieure) ist, mit denselben Zusätzen, ähnlich zu interpretieren. **Vins de Pays** sind leichte, gut trinkbare Landweine, während in **Vins de Table** alles und von überall her abgefüllt sein kann. Aus Frankreichs südlichstem Weinanbaugebiet, von Collioure bis Cerbère am Fuß der Pyrenäen, stammt ein berühmter Apéritif- und Dessertwein, dessen edelster der **Banyuls Grand Cru** ist.

Edle Dessertweine

Die zum Großteil arme Region, die von Landwirtschaft, Weinbau und – in unterschiedlicher Intensität – vom Tourismus lebt, ist nicht gerade ein Paradies für Mitbringseljäger auf der Suche nach originellen handwerklichen Produkten. In manchen Orten kann man aber ganz hübsche **Töpferwaren** erstehen. Ein Geheimtipp für die Sammler von antiquarischer Literatur ist der kleine Ort **Montolieu** in der Nähe von Carcassonne.

Die **Öffnungszeiten** der Geschäfte sind im Süden Frankreichs nicht mehr so starr wie vor einigen Jahren, als zwischen 12 bis 15 und im Sommer bis 17 Uhr die Mittagsruhe eingehalten wurde. Die Regelung gilt immer noch für Orte, in denen es eher wenig Tourismus gibt. Wo man jedoch vor allem von den Sommergästen lebt und sonst nicht zu viele Einkünfte zu erwarten hat, versuchen die Händler den Besuchern entgegenzukommen. Manche Bäckereien, Schnellimbisse oder Gaststätten sind auch über Mittag geöffnet.

Samstags sind die Geschäfte wie an anderen Werktagen auch bis 19 Uhr geöffnet, Supermärkte am Stadtrand bis 21 oder 22 Uhr. Sonntagvormittag gibt es Lebensmittel und Brot, und man trifft sich in Markthallen. Montagvormittag haben viele Läden geschlossen, wie auch die meisten Bäcker auf dem Land. Sie wechseln, wie dienstags die Fleischer, ihre Öffnungszeiten mit dem Kollegen aus dem Nachbardorf ab.

Empfehlenswerte Geschäfte und Märkte finden Sie bei den einzelnen Orten im Kapitel »Unterwegs im Languedoc-Roussillon«.

Feste und Events

Religiöser Ernst oder mediterrane Ausgelassenheit – Gäste sind bei allen Festen willkommen.

Die christliche Bußbruderschaft Confrérie de la Sanch auf der Karfreitagsprozession in Perpignan.

Wer am Donnerstag vor Pfingsten nach Nîmes kommt, dem klingt Musik in den Ohren. Sie dröhnt aus den Lautsprechern in den Bäumen an der Straße und wer weiß woher. In den Cafés an der Arena sitzen die Aficionados in der Hoffnung, den berühmten Torero, den man am Sonntag anfeuern wird, auf dem Balkon seines Hotels zu erblicken: Die **Féria** hat begonnen. In Nîmes wird, seit 1813, die größte Corrida außerhalb Spaniens gefeiert, und nur hier sowie im nahen Arles und in Béziers werden die Stiere beim Kampf getötet. Doch der Stierkampf ist nicht nur (hierzulande allerdings wenig) umstrittenes Spektakel, sondern im Frühjahr, Herbst und Winter auch lohnendes Geschäft. An ihm verdienen Stierzüchter, Toreros und Fernsehsender.

Bei den Stierspielen, den »courses camarguaises«, die während des Sommers in Beaucaire, Alès, Châteaurenard, Lunel, Saint-Gilles, Vauvert und in Dörfern der Umgebung stattfinden, geht es dagegen unblutig und bedeutend amüsanter zu. Sie sind nicht so teuer, und man bekommt für sie leichter Karten. Traditionell begleitet von der Musik aus der Oper »Carmen«, messen Mann und Tier ihre Kräfte hier jedoch ohne Gewalt und Blutvergießen.

März/April

Karfreitagsprozession

Mittelalterlich mutet die Prozession der Confrérie de la Sanch in Perpignan an. 600 Männer und Frauen in bodenlangen Kutten und unter Kapuzen
1
mit Sehschlitzen, der Kleidung einer christlichen Bußbruderschaft, ziehen durch die Stadt. Seit 1950 erinnern sie mit diesem Umzug wieder an den katalanischen Prediger Vincent Ferrier, dessen Reden im 15. Jh. die Menschen in Scharen angezogen haben sollen. 1777 wurde die Bruderschaft verboten, und mancher Besucher sieht die Prozession mit gemischten Gefühlen vorüberziehen, galten die Brüder zur Zeit der Inquisition doch auch als Folterknechte.

Mai

Printemps des Comédiens

Zehn Tage lang findet in Montpellier dieses bemerkenswerte Theaterfestival statt.

Ende Mai, Anfang Juni

Juni

Feux de la Saint-Jean

Auf dem Gipfel des 2784 m hohen Canigou (⇢ S. 118, C 16) lodert das Johannisfeuer.

24. Juni

Tradition und Folklore

La Fète de Saint-Pierre

Das Standbild des Petrus, des Schutzheiligen der Fischer, wird jedes Jahr im Sommer in Gruissan feierlich hinter den Fahnen der Fischer her in die Kirche und danach zum Hafen getragen. Tausende von Blumen werden dort ins Wasser geworfen, um das gefährliche Meer zu beruhigen. Danach stechen die Fischerboote in See, um den Segen für Wellen und Netze hinauszutragen.

29. Juni

Féria

Nach dem Münchner Oktoberfest wurde die Pfingst-Féria in Nîmes zum populärsten Fest Europas gekürt. Ihre Eintrittskarten sind daher rar und teuer, die Hotels mehr als überfüllt. Die Féria des Vendanges, zur Weinernte, wird nicht ganz so laut und unmäßig in der dritten Septemberwoche gefeiert. Und weil solch ein Fest sehr einträglich ist, hat sich mittlerweile die Féria d'Hiver im Februar unter geschlossenem Arenendach dazugesellt. Kartenver- und Vorverkauf:

Bureau de Location des Arènes

⇢ Umschlagkarte hinten, d 4

4, rue de la Violette; Tel. 08 91 70 14 01; www.arenesdenimes.com

JUNI–SEPTEMBER

Sardanes

Traditionelle katalanische Tänze werden dienstags und donnerstags in Perpignan auf der Place de la Loge (→ S. 83, b 1), dem quirligen Mittelpunkt der Altstadt, aufgeführt.

JULI/AUGUST

Nationalfeiertag

Er wird unterschiedlich begangen, in vielen Orten gibt es Musik und Tanz. Das größte Spektakel zeigt Carcassonne mit einem gewaltigen Feuerwerk über der alten Festung.

14. Juli

Festival de la Sardane

Alle Tänzer, die auf diesem Gebiet Rang und Namen erworben haben, kommen nach Céret zum traditionellen Wettstreit in der Arena.

Ende Juli

Festival Nuits d'Uzès

Im Hof des Bischofspalastes und in der Kathedrale Saint-Théodorit von Uzès werden Konzertreihen veranstaltet. Racine kommentierte den Musikgenuss mit: »Meine Nächte sind schöner als eure Tage ...«

Juli

Musik- und Theaterfestivals

Auf den meisten Festivals zwischen Mitte Juli und Mitte August werden klassische und moderne Theateraufführungen geboten, wie beispielsweise in Montpellier oder in Narbonne. Dazu gibt es Tanzveranstaltungen und Ausstellungen. Freunde von Jazz und klassischer Musik treffen sich im Sommer in Béziers und Nîmes. In Carcassonne besteht der Festivalsommer aus historischen Ritterspielen, Musik und Tanz. Hier findet das schönste Spektakel des gesamten Départements statt. Es endet mit einem Feuerwerk, das die alte Festung in alle Farben taucht. Auch im Département Lozère erfreuen Musikveranstaltungen Ohr und Auge, wie in La Canourgue beim Festival des Sources oder dem Festival de la Vallée et des Gorges du Tarn oder bei Musik und Tanz »Sous Rocher à l'Aven Armand«. Dasselbe gilt für den Musiksommer in Collioure, das Festival Pablo Casals in Prades, die Musiksaison in Saint-Guilhem-le-Désert und viele andere. Ein aktuelles Programm ist erhältlich bei der:

Association Technique des Festivals Languedoc-Roussillon → S. 57, d 1

2, rue Salle l'Evêque,
34000 Montpellier

Corrida

Auch in Céret finden traditionelle Corridas mit »mise à mort« statt. Nachdem der Stier getötet ist, wird in den Straßen ausgiebig gegessen, getrunken und gefeiert.

SEPTEMBER

Visa pour l'image

Mit vielen (kostenlosen) Ausstellungen lockt Perpignan in der ersten Septemberhälfte zum internationalen Festival der Fotoreportage.

OKTOBER

Festival International du Cinéma Méditerranéen

Jedes Jahr treffen sich die Cineasten in Montpellier.

Fête du Vin Nouveau

In Béziers wird jedes Jahr mit viel Folklore der neue Wein gefeiert.

MERIAN-Tipp

1 Fischerstechen/ Joutes

Die Besatzungen zweier Boote versuchen, sich hierbei gegenseitig mit Stangen ins Wasser zu stoßen. In Nîmes, Sète, Le Grau-du-Roi und anderen Orten gehören Joutes zu den touristischen Vergnügungen.

Sète: 21.–25. August

Sport und Freizeit

Wilde Flüsse, steile Felsen, weite Strände – an Terrain für den Aktivurlaub herrscht kein Mangel.

Die Hauptsaison für Kanufahrer beginnt im Mai. Man kann wählen zwischen gemütlichen Ausflugsfahrten und anspruchsvollen Wildwassertouren.

Es gibt wohl kaum eine Sportart, deren Anhänger im Languedoc-Roussillon nicht den idealen Platz fänden. Zwar hat sich herumgesprochen, dass auf der Ardèche gut Kanu fahren ist und die Cevennen ein wunderschönes Wandergebiet sind. Aber nur wenige wissen bisher, dass das »Natururlaub«-Programm der Pyrenäen im Roussillon von Wandern über Reiten, Radwandern, Klettern, Gleitschirm- und Segelfliegen bis hin zu Wildwasserfahren, Segeln, Windsurfen und Tauchen reicht. Botanische Lehrpfade führen durch mediterrane Berg- und Trockenzonen. Geführte Wanderritte von 0 bis 3000 m Höhe sind möglich. Klettergärten findet man von Collioure bis Tautavel, Golfplätze bei den Erholungszentren.

Angeln

Groß ist die Zahl der Angelmöglichkeiten am Meer und an den zahlreichen Flüssen. Während man an der See unproblematisch seinem Hobby nachgehen kann, sollte man sich im Hinterland beim örtlichen Syndicat d'Initiative oder im Rathaus nach den Angelrechten erkundigen.

Gleitschirmfliegen

Lehrgänge im Gleitschirmfliegen gibt es von April bis Oktober.

Ecole de Parapente Volem
Carrer des Closes, 66210 Espousouilles; Fax 04 68 04 47 37

Golf

17 Golfplätze insgesamt sind zwischen Lozère und den Pyrenäen angelegt. Für 140 € hat man mit dem **Golf-Pass** freien Eintritt auf fünf Plätzen seiner Wahl. Zu den schönsten Plätzen gehören unter anderem:

Cap d'Agde, 18 Löcher, 6301 m, in schöner Landschaft am Meer mit gut geschützten Greens, Tel. 04 67 26 54 40

Montpellier-Massane, 18 Löcher, 5675 m, wie auf schottischen Plätzen gewellte Fairways zwischen Wasserhindernissen, Tel. 04 67 87 87 87.

Kanu-/Kajakfahren

Im Mai und Juni ist Hauptsaison für Kanu- und Kajakfahrer auf **Ardèche**, **Cèze** und **Gardon**. Man kann die Flüsse das ganze Jahr über befahren, wenn der Sommer nicht sehr trocken ist. Die beste Zeit aber ist das späte Frühjahr. An den Flüssen findet man eine große Zahl ausgeschilderter Verleihfirmen. Die Tagesmiete für ein Kajak beträgt um 35 € und für ein Kanu etwa 50 €. Der Rücktransport zum Ausgangsort ist im Preis inbegriffen, Flusskarten ebenso.

Als schwer zu befahrende Gewässer, mit denen es nur Erfahrene aufnehmen sollten, gelten in den Causses **Dourbie**, **Orb**, **Trévezel** und **Vis**, in den Pyrenäen die Oberläufe von **Aude** und **Tech**. Hier wird auch das zunehmend populäre Rafting im Wildwasser in Teams und mit erfahrener Begleitung gepflegt.

Klettern

Zuerst war es lediglich ein Teil des Bergsteigens, inzwischen hat es sich zum eigenen Sport entwickelt. Über ein Dutzend Klettergärten gibt es im Languedoc-Roussillon. Der berühmteste ist der bei Vingrau mit 250 Steigen. Hier sind Hochgebirgsführer zu Hause, aber auch Grund- und Aufbaukurse werden angeboten.

Bruno Colla S. 119, D/E 14
5, rue Millère, 66600 Vingrau; Tel. 04 68 29 19 31

Wer das Klettern weniger ambitioniert betreiben möchte, findet bei Katharerburgen zahlreiche Möglichkeiten.

Pétanque

Spätestens wenn der Tag sich neigt und bevor es Zeit wird zum abendlichen Apéritif, wird im Süden gespielt, was viele für Boule halten. Es ist Pétanque, und das ist nicht ganz dasselbe. Die Spielregeln variieren, für uns geringfügig, für Franzosen enorm. Der Begriff, seit etwa 1930 in Frankreich üblich, leitet sich vom provenzalischen »ped tanco«, am Boden fixierter Fuß, ab. Die Regeln verlangen nämlich, dass der Spieler im Kreis stehen bleibt und die Füße erst dann abheben darf, wenn die Kugel den Boden berührt hat. (Beim Boule verlässt man den Kreis zur Seite oder nach vorne, je nachdem ob man die Kugeln legt, rollt oder gegnerische wegschießt.) Der sonstige Ablauf wird den meisten bekannt sein: Es geht darum, einer kleinen Holzkugel, dem Schweinchen (»cochonnet«, aber auch »le bouchon«), mit seiner Kugel möglichst nah zu kommen. Oder es so wegzuschießen, dass es den Kugeln der eigenen Mannschaft nahe ist. In regelmäßigen Abständen werden örtliche Turniere veranstaltet, an denen man mit etwas Glück teilnehmen darf. Der Verlierer bezahlt den Apéritif, aber wenn der Gast gewinnt, sollte er das trotzdem auch tun: Es wird nicht bei einem Glas bleiben.

Rad fahren

Die Franzosen sind zwar begeisterte Radsportanhänger, in den Städten gibt es jedoch kaum Fahrradwege. In den Bergen sind während der Saison hunderte oder tausende mit dem Mountainbike unterwegs. Wer ein Fahrrad leihen will, sollte die Abkürzung VTT für »vélo tout terrain« (Mountainbike) kennen. Weniger Sportliche radeln am Canal du Midi und an der flachen Küste.

Reiten

Ob Reitunterricht, Ausritte oder Vorbereitungen auf Prüfungen, mit und ohne Unterkunft, mit eigenem Pferd und ohne, für alle Wünsche gibt es eine Vielzahl von Angeboten.

A Cheval en Pyrénées-Roussillon
→ S. 118, C 15
Le Moulin, 66320 Marquixanes;
Tel. 04 68 96 07 64, Fax 04 68 05 28 83

Segelfliegen

Flugplätze in 200 bis 2067 m Höhe gibt es in den Pyrenäen und im Pyrenäenvorland.

Comité Départemental de Vol Libre
Tel. 04 68 04 34 11

Strände

Am **Golfe du Lion** gibt es neben den alten, gewachsenen Badeplätzen eine Vielzahl an Retortenorten, die nach 20 bis 30 Jahren allerdings auch etwas Patina angesetzt haben.

Ein familiärer, hübscher Badeort ist **Le Grau-du-Roi** (→ S. 117, D 11) an der Mündung des Rhônekanals. Die touristengerechte Erweiterung entstand im östlich gelegenen **Port-Camargue** (→ S. 117, D 11).

Größter und extravagantester Ferienort ist **La Grande-Motte** (→ S. 117, D 11).

Die westlichen Nachbarn **Carnon-Plage** (→ S. 116, C 11), Montpelliers ältester Badeplatz, und **Plage Villeneuve-lès-Maguelonne** (→ S. 116, C 11) sind im Sommer Tummelplätze meist junger Leute.

Um **Frontignan-Plage** (→ S. 116, B 11) herum sind die ursprünglichen Fischerorte zu Badeorten mutiert, denen Industrie und Ölraffinerien mittlerweile sehr nahe rücken. Auch am Badestrand von **Sète**, der **Corniche** (→ S. 116, B 12), liegt das Ferienzentrum in Industrienähe.

Kilometerlang und bis zu 100 m breit erstreckt sich an der viel befahrenen N 112 ein Sandstrand bis hin zu den langweiligen Appartementhäusern von **Marseillan** (→ S. 116, A 12).

Deutsche Stimmen hört man oft in der Ferienanlage von **Cap d'Agde** (→ S. 116, A 12), der größten durchorganisierten Retortenstadt mit sieben Stränden, Yachthafen, Nachtclubs, Kinos, Golf- und Tennisplätzen.

Schwieriger erreichbar sind die Küstenansiedlungen bis **Sérignan-Plage** (→ S. 115, F 8) mit viel Platz am Strand. **Valras-Plage** ist der – windige – Hausstrand für Béziers und Umgebung (→ S. 115, F 8).

Narbonne-Plage (→ S. 115, E 8) hat wieder mehr Kapazitäten und Rummel zu bieten.

Hübsch und geschichtsträchtig in den Salzgärten am Fuße der **Montagne de la Clape** liegt **Gruissan** (⋯› S. 119, F 13). Die ehemalige Hafenzufahrt von Narbonne ist um das Urlaubszentrum **Gruissan-Plage** und den Yachthafen herumgewachsen.

La Franqui-Plage (⋯› S. 119, F 14), klein und in einem Pinienwald versteckt, ist die Alternative zu den Betonburgen von **Port-Leucate** (⋯› S. 119, F 14).

Von **Port-Bacarès** bis **Saint-Cyprien** ist die **Côte Sablonneuse** (⋯› S. 119, F 14/15) breit und schattenlos. Ihre Retortenorte sind immer noch im Wachsen begriffen.

Schmal werden die Strände an den Pyrenäenausläufern. Dafür hat die **Côte Vermeille** (⋯› S. 119, F 16) einen einmalig schönen Hintergrund anzubieten; grüne Weinberge und rostfarbene Felsen unter klarblauem Himmel. Klein und hübsch ist **Collioure,** bescheidener **Port-Vendres** und schon sehr spanisch geprägt der Weinort **Banyuls-sur-Mer** mit seinem groben Kiesstrand. Der kleine Strand von **Cerbère** lockt höchstens Taucher, und im Grenzort **Portbou** suchen nur Durchreisende Erfrischung im Meer.

Strandleben à la française: An den Sommerwochenenden zieht es die Einheimischen ans Meer.

Surfen

180 km Küste am **Golfe du Lion** mit ablandigen Winden bieten Surfern hervorragende Möglichkeiten. In jedem Küstenort findet man Surfschulen und Verleihe von Surfbrettern.

Tauchen

Besonders an den Felsenküsten der Côte Vermeille kann man hervorragend tauchen und schnorcheln. Sowohl Tauchschulen als auch Füllstationen für Pressluftflaschen gibt es beispielsweise in Banyuls-sur-Mer, Port-Vendres und Collioure.

Tennis

Tennisplätze gehören mittlerweile zum fast obligatorischen Bestandteil jedes Küstenortes und auch zu Hotels der höheren Preisklassen. Weil ihre Benutzung so beliebt ist, ist rechtzeitiges Reservieren geboten.

Wandern

Mehr als 4000 km ausgeschilderte Wanderwege durchziehen das Languedoc. Die Fernwanderwege, **Sentiers de Grande Randonnée,** sind auf rot-weißen nummerierten Wegweisern mit »GR« ausgezeichnet. Die Etappen, mit gelegentlichen Höhenunterschieden von 100 m, sind gut zu schaffen und führen an verschiedenen Ortschaften mit Unterkunftsmöglichkeiten vorbei. Informationen über Wanderrouten und Unterkünfte findet man unter www.gr-infos.com

Wanderführer mit Karten und Adressen der Wanderhütten gibt es auch beim:

Comité National des Sentiers de Grande Randonnée
8, avenue Marceau, 75008 Paris

Familientipps – Hits für Kids

Höhlen, Geisterdörfer, alte Burgen, Sand und Meer – bei den Kleinen kommt keine Langeweile auf.

Besuch in einer Zauberwelt: Aven Armand. In dieser Tropfsteinhöhle werden zweimal jährlich auch Konzerte veranstaltet.

Auf dem Bildschirm rattert und quiekt es, zucken Blitze und grölen Monster. Kein Küstenbadeort ohne Scharen von Kindern und Jugendlichen, die sich um Spielautomaten drängeln und dafür ihre letzten Euros ausgeben, für die sie sich eigentlich ein Eis holen wollten. Im Salz- und Sandboden an der Küste wächst kein Baum, da ist es im Sommer am besten in den Cafés auszuhalten.

Viel spannender ist es natürlich zu entdecken, was es zu Hause nicht gibt. Zum Erforschen und Verstecken reizt zum Beispiel die Festung in **Carcassonne** mit ihren Mauern, Türmen und Gräben. Auch der alte Dampfzug, der zwischen Anduze und Saint-Jean-du-Gard verkehrt, ist bestimmt einen Ausflug wert (→ S. 43). Der kohlrabenschwarze Heizer mit seinen Rußhänden hat nichts gegen einen Besuch auf seiner Dampflok und zeigt auch gerne, wie das schnaufende Ungetüm funktioniert.

Und was gibt es Schöneres, als im heißen Sommer in einer kühlen Tropfsteinhöhle herumzusteigen oder -zufahren. Im **Aven Armand** (→ S. 46) im **Causse Méjean** herrschen in 75 m Tiefe kühle zehn Grad, weshalb man sich auch etwas Wärmeres zum Anziehen mitnehmen sollte. Mit dem Picknickkorb kann man die **Gorges du Tarn** hinunterklettern, ein Plätzchen suchen und die Füße im Wasser baumeln lassen (→ S. 46).

Von Dinosauriern und anderen wilden Tieren

Im **Dinosaurier-Museum** in **Espéraza** (→ S. 73) kann man der Fantasie freien Lauf lassen und versuchen, sich vorzustellen, wie vor unendlich vielen Jahren diese riesigen Urtiere die südfranzösischen Täler bevölkerten. Wer gemeinsam mit den Eltern eine der alten **Katharerburgen** zwischen den Weinfeldern im **Minervois** bezwungen hat, findet das **Musée Hurepel** in **Minerve** (→ MERIAN-Tipp, S. 78) bestimmt spannend. In nachgebauten Miniaturlandschaften mit Felsen und Bäumen klettern, arbeiten und kämpfen kleine getöpferte Katharerfiguren. Ein hübscher Text (auch auf Deutsch) hilft dabei, die Szenen besser zu verstehen.

Im **Cirque de Mourèze** (→ MERIAN-Tipp, S. 63) kann man auch sehen, wie die Bewohner der merkwürdigen Felsen früher gelebt haben, und ihre nachgebauten Behausungen besuchen.

Fast wie im nahen Afrika geht es in der **Réserve Africaine** in **Sigean** (→ S. 78) zu.

Falken aus nächster Nähe erleben kann man im **Schloss von Beaucaire** (→ S. 44). Und wer aufmerksam durch die Gegend fährt oder ein Stück wandert, sieht vielleicht auch mal einen Adler, der sich gerade eine Schlange oder ein anderes Tier geschnappt hat.

Fische aus aller Welt zeigt das Seaquarium in Port-Camargue (→ S. 47).

MERIAN-Tipp

2 In Le Grau-du-Roi aufs Fischerboot

Wer schon immer davon geträumt hat, Fischer zu sein, der sollte sich am Ende der Promenade in Le Grau-du-Roi, wo nachmittags die Schiffe ankommen, erkundigen, ob ihn morgens um 6 Uhr einmal ein Fischerboot mitnimmt. Dazu braucht man unbedingt einen warmen Pullover, weil es auch im Sommer morgens auf dem Wasser empfindlich kalt sein kann, und Sonnencreme, weil trotz Wind die Sonne kräftiger brennt, als man zunächst merkt. So ein Trip macht auch Kids meist großen Spaß – vor glitschigen Fischen ekeln dürfen sie sich allerdings nicht und auch keine Angst vor Fischern haben, die kein Wort Deutsch sprechen.

→ S. 117, D 11

Unterwegs im Languedoc-Roussillon

Der romanische Figurenschmuck der Abtei von Saint-Gilles zählt zu den bedeutendsten Zeugnissen mittelalterlicher Bildhauerkunst in Frankreich.

Wie eine Zeitreise erlebt man jede Tour zwischen Cevennen und Mittelmeer und findet neben der Moderne immer wieder Römer- wie Katharerspuren.

Nîmes, Cevennen und Meer

Einzigartige Monumente aus Antike und Mittelalter und ein Paradies für Wanderer.

Zeugnis der Verbindung zwischen Nîmes und Afrika während der Römerzeit: der Krokodilbrunnen.

Nîmes

→ S. 117, E 9

137 000 Einwohner

Stadtplan → Umschlagkarte hinten

Meer und Berge sind von Nîmes nicht weit. Davor erstreckt sich die thymianduftende Garrigue. Natürlich gedeihen auch Obst, Gemüse und Wein auf dem ansonsten trockenen Land, weil schon die Römer ihre Metropole **Nemausus** mit Wasser aus den Bergen zu versorgen wussten.

Um die Sommerhitze in der Stadt besser zu ertragen, bietet sich eines der vielen Cafés als Rastplatz an, sei es auf den Boulevards, den autofreien Plätzen der Altstadt oder im **Jardin de la Fontaine** unter Schatten spendenden Bäumen. Kupferne Medaillons sind in das Straßenpflaster eingelassen, die ein Krokodil, an eine Palme geleint, zeigen. Eine Erinnerung an frühe Afrikakontakte. Nach Nemausus nämlich wurden die ägyptischen Gefangenen deportiert. Später ließen sich hier die Legionäre des Afrikafeldzuges nieder.

Das »Rom Frankreichs« lebt zu einem Teil von der Antike, mit vielen gut erhaltenen Zeugen einer zumindest architektonisch glanzvollen Vergangenheit. Einen Riesenschritt in die Zukunft dagegen wagte Bürgermeister Jean Bousquet, indem er Stararchitekten und -designer für die Weitergestaltung der Stadt engagierte. So entstand gegenüber der **Maison Carrée**, einem Kleinod römischer Baukunst, die **Carrée d'Art** des Engländers Sir Norman Foster als zwar groß angelegte, aber kleinmütige Antwort auf das Pariser Centre Pompidou. Das Schönste an dem neuen Kunsthaus ist die Café-Terrasse mit Blick über die Dächer der Stadt. Im Süden baute der Mailänder Vittorio Gregotti ein neues Stadion. Ein Sozialwohnungskomplex in Form eines gläsernen Schiffes mit dem Namen »Nemausus« wurde errichtet. Und durch ein antiker Bauweise nachempfundenes Tor lässt der japanische Architekt Kisho Kurokawa Autos in eine Büro- und Wohnarena fahren.

Während sich Paris im Sommer leert, lockt Nîmes mit Tanz, Theater und Musik die Badegäste vom nahe gelegenen Meer. Die traditionelle Pfingst-Féria füllt das Amphitheater **Les Arènes** nur wenige Tage mit dem blutigen Spiel. Fast den ganzen Rest des Jahres finden hier dann Veranstaltungen aller Art mit Stars und Sternchen statt – im Winter unter einem Dach.

Hotels/andere Unterkünfte

Imperator Concorde

→ Umschlagkarte hinten, b 1

Schön, elegant und ruhig außerhalb der Féria. Die berühmtesten Matadore steigen hier ab.

Quai de la Fontaine;
Tel. 04 66 21 90 30, Fax 04 66 67 70 25;
www.hotel-imperator.com; 63 Zimmer
●●●● AmEx DINERS MASTER

Novotel Atria Nîmes Centre

→ Umschlagkarte hinten, e 4

Sehr groß, sehr kühl, sehr modern, wie man es am Rande der Altstadt nicht gerade erwartet; eigentlich eine praktische und elegante Unterkunft für Geschäftsleute, mit allem, was diese an Hightech erwarten können. Wenn es aber heiß ist und man eine Adresse in der Stadtmitte sucht, weil man zum Beispiel keine weiten Wege zu einer Abendveranstaltung gehen mag, ist es sehr angenehm. Vielleicht bekommt man ein Zimmer auf der obersten Etage, von dort aus hat man nämlich einen schönen Blick auf die Dächer von Nîmes. Und eine Garage gibt es auch.

5, bd. de Prague;
Tel. 04 66 76 56 56, Fax 04 66 76 56 59;
www.accor-hotels.com; 119 Zimmer
●●●● CREDIT

Royal → Umschlagkarte hinten, c 1

Am Rand der Fußgängerzone Place d'Assas gelegen. Im Inneren dekorativ gestaltet. Das Hotel ist bei Künst-

Die Maison Carrée in Nîmes mit ihren hohen korinthischen Säulen ist ein Juwel antiker Architektur.

lern und Stierkämpfern ebenso beliebt wie bei Pariser Gästen.
3, bd. Alphonse Daudet;
Tel. 04 66 58 28 27, Fax 04 66 58 28 28;
23 Zimmer ●●● CREDIT

Central Hôtel

···> Umschlagkarte hinten, f 2

Hübsches, kleines Hotel am Rande der Altstadt. Die Zimmer sind – was hier im Sommer besonders wichtig ist – mit Ventilator ausgestattet.
2, place du Château;
Tel. 04 66 67 27 75, Fax 04 66 21 77 79;
www.hotel-central.org; 15 Zimmer ●●
AmEx DINERS MASTER

Amphithéâtre

···> Umschlagkarte hinten, d 3

Mitten in der Altstadt, fast neben der Arena, liegt das Haus, das mit seiner drei Jahrhunderte alten Fassade etwas düster wirkt. Vielleicht bekommen Sie eins der hübschen Zimmer mit Blick auf die prächtige Palme an der Place du Marché.
4, rue Arènes; Tel. 04 66 67 28 51,
Fax 04 66 67 07 79; 16 Zimmer
● bis ●● CREDIT

Spaziergang

Einen Bummel durch den seit 1985 denkmalgeschützten Teil der Altstadt kann man bei der berühmten römischen **Maison Carrée** beginnen. Aber schon wenig später werden die besten Tipps nichts nützen, weil Sie sich verführen lassen werden, irgendwo abzubiegen oder eine andere Gasse entlangzuschlendern. Hier steht vielleicht ein besonders schönes Haus, und dort lockt ein originell dekoriertes Schaufenster. Und schon haben Sie sich verlaufen. Macht nichts, wenn Sie einfach nur geradeaus gehen, erreichen Sie früher oder später wieder einen der vier Boulevards, die um die Altstadt herumführen.

Durch die Rue de l'Horloge und dann Petits Souliers kommen Sie zur **Place aux Herbes**, einem beschaulichen Platz vor der Kathedrale **Notre-Dame-et-Saint-Castor**. Die Rue de l'Aspic ist nicht nur eine elegante Einkaufsstraße. Es gibt auch einiges zu besichtigen. Das Haus Nr. 14 beispielsweise stammt aus dem Jahr 1699 und hat eine sehenswerte Treppe. In der Rue du Chapitre bewundert man die Fassade des Hauses Nr. 14, des **Hôtel de Régis** aus dem 16. Jh., und öffnet anschließend die Tür zum bemerkenswerten Hof.

Prächtige Bauten sind auch in der Rue Dorée zwischen Place de l'Aspic und Jesuitenkapelle zu sehen. Im Rathaus, dem **Hôtel de Ville**, sollten Sie versuchen, einen Blick in das von Jean-Michel Wilmotte neu gestaltete Innere zu tun, einer Melange aus Vergangenheit und Hightech. Die Jesuitenkapelle, fünf Minuten vom Rathaus entfernt in der Grand' Rue, entstand zwischen 1673 und 1678 nach dem Vorbild der Kirche Il Gesù in Rom. Die **Ecole des Beaux-Arts** wurde in der Grand' Rue von Ariel Balmassière im alten **Hôtel Rivet** eingerichtet.

SEHENSWERTES

Les Arènes

⇢ Umschlagkarte hinten, d 4

2000 Jahre nach ihrer Entstehung sind Les Arènes, wie die Bewohner von Nîmes ihr unvergleichliches Amphitheater nennen, das besterhaltene Bauwerk der Stadt aus römischer Zeit. Es gleicht dem Kolosseum in Rom. Im Inneren der 133 x 101 m großen Ellipse finden etwa 24 000 Besucher Platz. Das Freilufttheater, in dem früher Gladiatorenkämpfe stattfanden, war im Mittelalter bewohnt. 1863 gab es einen Skandal, als hier die erste Corrida veranstaltet wurde. Außer Stierkämpfen dienen Les Arènes längst Jazz- und Rockkonzerten, und auch Opern werden hier aufgeführt.

Sommer 9–19, Winter 9–18 Uhr; Eintritt 5 €

Carrée d'Art

⇢ Umschlagkarte hinten, c 2

Fünf weiße Säulen vor dem Glas- und Betonpalast korrespondieren mit der gegenüberstehenden Maison Carrée aus Augusteischer Zeit. Das neue Zentrum für zeitgenössische Kunst, von Sir Norman Foster entworfen, beherbergt Frankreichs modernste Bibliothek und zugleich Mediathek. Im Museum der modernen Kunst im ersten Stock werden die Großen dieser Zeit gezeigt. Sechsmal täglich gibt es Gratisführungen, sonst muss man Eintritt bezahlen.

Di–So 10–18 Uhr; Eintritt 4,45 €, 1. So im Monat frei

Jardin de la Fontaine

⇢ Umschlagkarte hinten, a/b 1

Am Fuß des Mont Cavalier entstand 1750 der erste öffentliche Garten Frankreichs. Bis zu dieser Zeit dienten Gärten nur als Schmuck von Schlössern. Faune und Nymphen zieren Wasserbassins. Auf dem Gipfel eines Hügels steht die **Tour Magne**, von deren Schönheit schon Guillaume Apollinaire schwärmte, und hütet ihr Geheimnis. War der achteckige, 32,7 m hohe Turm ehemals ein Mausoleum, oder wurde er als Kopie des berühmten Leuchtturms von Alexandria errichtet? An der **Nemausus-Quelle** neben dem Diana-Tempel aus dem 1. Jh., wo die Kelten schon ihren Quellengott verehrten, wie die Legende erzählt, soll Nemausus, ein Sohn des Herakles, die Stadt gegründet haben.

Maison Carrée

⇢ Umschlagkarte hinten, c 2

Nichts mehr ist von dem ursprünglichen Forum zu sehen, zu dem der vollständig erhaltene, elegante Podiumstempel gehörte. Er ist nur 25 x 12 m groß und wurde im 1. Jh. zur Zeit des Augustus erbaut. Im Laufe der Jahrhunderte diente er mal als Versammlungsort der Richter und später der Konsuln, wurde als Wohnhaus und dann als Kirche der Augustiner genutzt. Heute ist in dem Tempel ein kleines Museum eingerichtet.

Sommer 9–12 und 14.30–19, Winter 9–12.30 und 14–18 Uhr; Eintritt frei

Porte d'Auguste

⇢ Umschlagkarte hinten, f 2

Porte d'Arles heißt das Tor eigentlich, einer der letzten Reste der römischen Stadtmauer, die unter Augustus – bei der Statue des Kaisers handelt es sich um eine Bronzekopie – errichtet wurde. Die Straße, die an diesem Tor aus dem Jahr 15 v. Chr. begann, führte über Arles nach Rom. Die Lage des während der Französischen Revolution zerstörten Seitenflügels ist auf dem Pflaster markiert.

MUSEEN

Musée Archéologique

⇢ Umschlagkarte hinten, e/f 3

Das meistbesuchte Museum der Stadt mit seiner großen Antikensammlung und Skulpturen zeigt auch Funde aus keltischer, griechischer und mittelalterlicher Zeit.

13, bd. Amiral Courbet, im alten Jesuitenkonvent; Di–So 11–18 Uhr

Musée des Beaux-Arts

···› Umschlagkarte hinten, d 6

Das berühmte Bodenmosaik »Die Hochzeit des Admetes« ist hier zu sehen, außerdem italienische und französische Malerei, vornehmlich aus dem Barock und der Renaissance.

Rue de la Cité Foulc; April–Sept. Di–So 10–18, Okt.–März 11–18 Uhr

Musée des Cultures Taurines

···› Umschlagkarte hinten, d 4

Wenige Schritte von der Arena entfernt widmet sich ein in Frankreich einzigartiges Museum den Traditionen des regionalen und internationalen Stierkampfes. Bis zur offiziellen Eröffnung 2006 werden während der Stierkämpfe wechselnde Ausstellungen gezeigt.

6, rue Alexandre Ducros; Tel. 04 66 38 83 77

Musée d'Histoire Naturelle

···› Umschlagkarte hinten, e/f 3

Prähistorische, naturkundliche und zoologische Sammlung im selben Haus wie das Archäologiemuseum und mit denselben Öffnungszeiten. Im 1. Stock befindet sich eine Kollektion mit Kunstgegenständen aus Afrika, Asien und Ozeanien.

13, bd. Admiral Courbet; April–Sept. Di–So 10–18, Okt.–März 11–18 Uhr

Musée du Vieux-Nîmes

···› Umschlagkarte hinten, e 2/3

In dem Heimatmuseum kann man Porträts, Keramiken und Möbel sehen.

Place aux Herbes, im alten Bischofspalast; April–Sept. Di–So 10–18, Okt.–März 11–18 Uhr

Essen und Trinken

Alexandre

···› Umschlagkarte hinten, südöstl. c 6

Sehr schön, sehr elegant, sehr raffiniert und sehr teuer. Etwas außerhalb der Stadt gelegen.

4, route de l'Aéroport, Garons; Tel. 04 66 70 08 99; ab 19.30 Uhr, So abend, Mo geschl. ●●●● CREDIT

Au Plaisirs des Halles

···› Umschlagkarte hinten, d 2

Im Patio plätschert ein Brunnen, die Küche, auch bei Nimoisen sehr beliebt, ist ebenso traditionell wie gut, und die regionale Weinkarte lässt keine Wünsche offen.

4, rue Littré; Tel. 04 66 36 01 02; So und Mo geschl. ●●bis ●●● CREDIT

Le Bouchon et L'Assiette

···› Umschlagkarte hinten, a 1

Man sitzt angenehm nahe dem Jardin de la Fontaine, von Antiquitäten umgeben. Was serviert wird, ist von der jeweiligen Saison abhängig.

Zur Pfingst-Féria ist die Arena in Nîmes bis auf den letzten Platz besetzt.

5 bis, rue de Sauve; Tel. 04 66 62 02 93;
Di und Mi geschl. ●● bis ●●●
DINERS MASTER VISA

Chez Jacotte
⇢ Umschlagkarte hinten, d 3
Das Marktangebot inspiriert den Koch täglich neu. Auch von Einheimischen immer gern besucht.
15, rue Fresque; Tel. 04 66 21 64 59; im Sommer mittags und abends, außer So und Mo, im Winter mittags Mo–Fr, abends nur Do–Sa ●●

Le Jardin d'Hadrien
⇢ Umschlagkarte hinten, f 1
Marktfrisch ist alles zubereitet, das Angebot saisonabhängig. Man sitzt sehr schön im schattigen Patio.
11, rue Enclos Rey; Tel. 04 66 21 86 65; Juli/Aug. So, Mo und Mi mittags, Sept.–Juni Di, Mi und So abends geschl. ●●

Le Wine Bar chez Michel
⇢ Umschlagkarte hinten, e 4
Frische Brasserieküche, erstklassige Fische und Meeresfrüchte, dazu eine exzellente Weinauswahl.
11, square de la Couronne; Tel. 04 66 76 19 59; Sa mittags, So und Mo geschl. ●●

Le Cinq Antoine
⇢ Umschlagkarte hinten, d 3
Salatfreunde werden sich hier zu Hause fühlen. Allerdings nur während der Saison, denn wenn die Touristen weg sind, gibt es auch hier nur Menüs.
5, rue Saint-Antoine; Tel. 04 66 21 86 01; So und Di abends geschl. ●

Café des Beaux-Arts
⇢ Umschlagkarte hinten, d 4
Wer sich in der Gesellschaft von (angehenden) Künstlern wohl fühlt, nimmt hier Platz.
Place aux Herbes

Café de Petite Bourse
⇢ Umschlagkarte hinten, d 4
Hier treffen sich die Intellektuellen.
Bd. Victor Hugo/Bd. des Arènes

Napoléon
⇢ Umschlagkarte hinten, d 3
Sehr beliebte Café-Adresse bei den Stierkampffans.
Bd. Victor Hugo

Einkaufen

In der Altstadt, um die **Rue de l'Aspic** herum, reihen sich winzige, kleine und mittlere Einzelhandelsgeschäfte aneinander. Hier kann man von Souvenirs und Geschenken über Spiel- und Schreibzeug, Bücher und Bilder, Unterwäsche, Schuhe oder Blumen eigentlich alles erstehen.

Blumen- und Antiquitätenmarkt
⇢ Umschlagkarte hinten, a 1–5
Jeden Freitag schlägt das Herz von Liebhabern alter Möbel, Bilder oder Lampen höher. Farbtupfer verleihen der Marktszene die vielen Stände mit Blumen und Pflanzen.
Av. Jean Jaurès

Marché
⇢ Umschlagkarte hinten, d 1/2
In den Markthallen gibt es jeden Vormittag außer montags frisches Obst und Gemüse, Fisch und Brot, Kuchen und vieles mehr. Wer Gewürze nicht nur im Stoffbeutelchen als Geschenk verpackt, sondern in größeren Mengen für die Küche nach Hause mitnehmen möchte, findet sie täglich an den Ständen vor der Markthalle in überwältigender Vielfalt.
Rue des Halles

Am Abend

Calle Ocho
⇢ Umschlagkarte hinten, f 2
Wer es gern spanisch mag, wird die Abende und Nächte in dieser Bar mit Sicherheit genießen.
24, bd. Amiral Courbet; Tel. 04 66 67 34 59; Do–Sa 17–4 Uhr

La Casa Don Miguel
⇢ Umschlagkarte hinten, d 2
Unter alten Gewölben hört man Weltmusik, Salsa, Flamenco und Jazz.

16, rue de l'Horloge; Tel. 04 66 76 07 09; Mai–Sept. tgl. 18–2 Uhr, Okt.–April Mo geschl.

Le Shaker

→ Umschlagkarte hinten, d 1

Eine Pianobar, die mit französischen Chansons erfreut.

1, square de la Bouquerie; Tel. 04 66 67 23 57; Mo–Fr bis 23 Uhr, Wochenende und Juli/Aug. bis 2 Uhr

Service

Auskunft

Office du Tourisme

→ Umschlagkarte hinten, c 1/2

Hier gibt es Stadtpläne, außerdem kann man Hotels in Nîmes und im Gard reservieren lassen. Auch Stadtführungen durch das alte Nîmes werden angeboten. Mit dem Museumspass (Forfait Monuments & Musées, 10,20 €) hat man an drei aufeinander folgenden Tagen freien Eintritt in allen Museen. Man kann sich hier auch zu Führungen bei den Perrier-Quellen in Vergèze, 20 km südwestlich von Nîmes, anmelden.

6, rue Auguste, 30020 Nîmes; Tel. 04 66 58 38 00; www.ot-nimes.fr

MERIAN-Tipp

3 Altstadtbummel in Nîmes

Gleich hinter Maison Carrée und Arena beginnt das Gewirr der meist autofreien Altstadtgassen mit zahllosen Geschäften, die Mode, Haushaltswaren, Porzellan, Leckereien, Spielzeug, Wäsche, Blumen, Bilder und Möbel verkaufen. Dazwischen immer wieder Cafés, Bars, sogar Teestuben, manchmal unter Palmen und Platanen. Wo keine Hauswand Schatten spendet, sind bunte Schirme aufgespannt, Kinder plätschern in Brunnen, irgendwo spielt ein Straßenmusikant. Sich ohne Blick auf den Stadtplan treiben lassen ist ein Vergnügen.

Ziele in der Umgebung

Aigues-Mortes → S. 117, D 11

5000 Einwohner

Militärisch gesehen bedeuteten die dicken Mauern, die das Städtchen von Sümpfen und Salinen trennen und vor dem kalten Mistral schützen, eine Fehlplanung. Ludwig IX., der Heilige, wollte einen Hafen am Mittelmeer und ließ 1240 auf einer Halbinsel einen Ort und eine Fahrrinne anlegen. Philipp der Kühne begann und Philipp der Schöne vollendete dann eine 11 m hohe Mauer mit Türmen und Toren. Die Fahrrinnen versandeten jedoch, und die Anlage verlor ihre Bedeutung. Die **Tour de Constance** (Konstanzenturm) wurde Staatsgefängnis zuerst für Templer und später für die Hugenotten. So präsentiert sich heute eine intakte mittelalterliche Stadt, auf deren Mauern man 1634 m gehen und natürlich eine wunderschöne Aussicht auf Salinen und Mittelmeer genießen kann. Vom Frühling bis zum Herbst ziehen Urlauberscharen durch die Gassen. An warmen Sommerabenden unterhalten auf dem Platz unter dem Denkmal des Stadtgründers Musikanten ihre Zuhörer.

42 km von Nîmes

Hotels/Essen und Trinken

Les Arcades

Es passt so gut zum Ort, das alte Haus aus dem 16. Jh. mit seinen Stilmöbeln. Eine sehenswerte Treppe führt zu den schönen klimatisierten Zimmern. Zu allem Überfluss gibt es ein Restaurant, man kann auch draußen unter den Arkaden ausgezeichnet speisen.

23, boulevard Gambetta; Tel. 04 66 53 97 12, Fax 04 66 53 75 46; 9 Zimmer ●●● CREDIT

Templiers

Sehr schöne und charmante Unterkunft in einem Gebäude aus dem 17. Jh., mit provenzalischen Stoffen, modernen und alten Bildern und ei-

Boulespieler vor den mittelalterlichen Stadtmauern von Aigues-Mortes.

ner Scheune, in der ein entzückendes Bistro untergebracht ist (es wird nur Abendessen serviert).

23, rue République; Tel. 04 66 53 66 56, Fax 04 66 53 69 61; 11 Zimmer ●●●
AmEx MASTER VISA

SEHENSWERTES

Listel

Eine ganz besondere Traube wächst hier im Sand. Man kann das Weingut besuchen und seine Erzeugnisse kosten. Fragen Sie, ob Sie das Gut zu Fuß erkunden dürfen. Sie werden Reiher, Pferde und Frösche treffen.

Domaine de Jarras, in Richtung Le Grau-du-Roi; Tel. 04 66 53 63 65

Tour de Constance

190 Stufen führen hinauf in den Wehr- und Wohnbau Ludwigs des Heiligen, Leuchtturm zur See- und Wachturm zur Landseite. Von der Aussichtsplattform und den Wehrmauern, die man entlanggehen kann, hat man einen wunderschönen Blick über Sümpfe, Salinen und Rhônekanal.

Juni–Aug. tgl. 10–20, Sept. und Mai 10–19, Okt.–Feb. 10–18, Winter bis 17 Uhr; Eintritt bis 1 Stunde vor Schluss 5,50 €, Kinder 3,50 €

MERIAN-Tipp

4 Salins du Midi

Mit einem kleinen Zug oder einem offenen Rundsichtbus kann man über Felder und Anlagen der ältesten und größten mediterranen Saline fahren und dabei in gut zwei Stunden und bei einem Besuch des Salzmuseums alles über die Produktion verschiedener Salze erfahren. Film- und Fotofreunde werden sich über die unterschiedlichen, bis rosa leuchtenden Farben des Salzes freuen. Während der Erntezeit, August bis Oktober, türmen sich die Berge zur beeindruckenden Winterlandschaft.

An der D 979 Richtung Le Grau-du-Roi, Einfahrt hinter der Brücke links über das Listel-Gelände (Weingut); Tel. 04 66 73 40 25; www.salins.com; März–Okt. tgl. 10–11.45 und 14–18.45 Uhr; Rundfahrt Erwachsene 9,90 €, Kinder 6,80 €

Schafherden sieht man auf den kargen Höhen der Cevennen immer seltener.

SERVICE

Auskunft

Office du Tourisme

Informationen u. a. zu Bootsfahrten durch die Camargue.

Porte de la Gardette, 30220 Aigues-Mortes; Tel. 04 66 53 73 00, Fax 04 66 53 65 94; www.ot-aiguesmortes.fr

Anduze

S. 113, E 3

3000 Einwohner

»Pforte der Cevennen« nennt man das geschäftige Städtchen. Es liegt 13 km von Alès entfernt, der wenig attraktiven Hauptstadt der Cevennen, und zwischen Fluss und Bergen eingeklemmt. Ungewöhnlich viele Geschäfte reihen sich in dem kleinen Ort auf dem Weg zum Marktplatz aneinander. Neben dem überdachten Marktplatz und seinen Cafétischen überrascht den Besucher ein mit bunten lasierten Ziegeln überdeckter Ziehbrunnen aus dem Jahr 1649. Die Legende erzählt, ein Seidenraupenzüchter aus Anduze habe die Idee dazu von einer Reise in den Orient mitgebracht. Boisset hieß der berühmte Töpfer, bei dem der Hof in Versailles die großen Blumentöpfe, »vases d'Anduze«, bestellte.

46 km von Nîmes

HOTELS/ANDERE UNTERKÜNFTE

Chez M. et Mme Tirfort

Von Obstbäumen und Kiefern umgeben, liegt das kleine Haus mit geschmackvollen Gästezimmern.

Ferme des Tirforts, Quartier de Veyrac; Tel. 04 66 61 74 87; 6 Zimmer ●●

Gîte Rural du Moulin

Neben dem Häuschen der Tirforts steht diese »gîte«. Hier kann man auch Obst und Gemüse direkt vom Hof kaufen und an einem alten Mühlstein – mit Blick auf Akazien, Aprikosen- und Pflaumenbäume – seinen Apéritif nehmen. Campingfreunde finden 25 Plätze mit Duschen, warmem Wasser und elektrischen Anschlüssen. Rechtzeitige Anmeldung ist unbedingt empfehlenswert. Zu erreichen in Richtung Nîmes. Nach 2 km führt rechts eine kleine Straße Richtung Veyrac zur Ferme des Tirforts.

Quartier de Veyrac; Tel. 04 66 61 74 87

●● ▭

Porte des Cevennes

Freundliches Haus der Logis-de-France-Kette in der Nähe des Bambuswaldes mit Schwimmbad und Restaurant, von dessen Terrasse man über das Gardon-Tal blickt.

Route de Saint-Jean-du-Gard, knapp 3 km in Richtung Saint-Jean; Tel. 04 66 61 99 44; www.porte-cevennes.com; 38 Zimmer ●● AmEx

Sehenswertes

Bambouseraie de Prafrance

Europas einziger Bambuswald liefert auch die Nahrung für die Pandabären im Berliner Zoo. Auf 12 ha sprießen in einem Mikroklima unter südlicher Sonne etwa 150 Bambusarten. Die größten davon werden bis zu 25 m hoch und erreichen einen stattlichen Durchmesser von 20 cm. Die stabile und vielseitige Wunderpflanze brachte im vorigen Jahrhundert Eugène Mazel, ein Samenhändler aus dem Gard, ebenso wie andere exotische Gewächse von seinen Reisen in den Fernen Osten mit. So kann man beim Spaziergang durch den Park Gingkobäume, Palmen und Magnolien bestaunen. Im japanischen Wassergarten schwimmen zwischen Lotusblüten und ägyptischem Papyrus Koi-Karpfen in allen nur denkbaren goldroten Schattierungen herum. Bekannte Filmklassiker wie »Lohn der Angst« oder »Paul und Virginie« wurden hier gedreht. Der Wald liegt 2 km nördlich von Anduze.

www.bambouseraie.fr; März–15. Nov. tgl. 9.30–19 Uhr; Eintritt 6 €, Kinder 4,30 €

Grotte de Trabuc

»Grotte der 100 000 Soldaten« nennt sich die Höhle auch nach einer Fülle nur zentimeterkleiner Stalagmiten. Sie gehört zu den großen Tropfsteinhöhlen, wie sie in und um die Cevennen vielerorts zu finden sind. 12 km der anscheinend unendlichen Galerien sind bis heute erforscht. In einem geheimnisvollen unterirdischen Saal, den Wissenschaftler bisher noch nicht enträtselt haben, wartet ein ganzer Wald von Kleinstalagmiten, daneben der »Saal des Mitternachtssees«, die »Teufelsbrücke« oder der »Gong-Saal«. Aber vielleicht entdecken Sie auch etwas ganz anderes. Jedenfalls lässt sich ein Höhlenbesuch bei 14 Grad an heißen Sommertagen nur empfehlen. An der Zahl der Reisebusse draußen ist abzulesen, dass viele Touristen derselben Meinung sind.

11 km nördl. von Anduze, D 50 hinter Luziers; März–Okt. tgl. 9.30–12 und 14–18 Uhr, Juli/Aug. durchgehend; Eintritt 8 €

Train à vapeur des Cévennes

Der Dampfzug schnauft von Anduze nach Saint-Jean-du-Gard und auch wieder zurück. An der Bambouseraie, Europas einzigem Bambuswald, hält er an, gibt zwei Stunden Zeit zur Besichtigung, und dann kann man weiter- oder zurückfahren. Wer nach Saint-Jean fährt, hat 13 km über Brücken und durch Tunnel zurückgelegt. Wer oft hinausschaut, ist schwarz geworden. Es sind meist Kinder, die dann so schön aussehen wie der Lokführer oder der Heizer.

Bahnhof; Tel. 04 66 60 59 00; Abfahrt 9.30, 11.30, 15 und 17 Uhr, Juni–Aug. tgl., April/Mai tgl. außer Mo, Sept./Okt. tgl. außer Mo und Fr

Museen

Musée de la Musique

Es gibt Blas- und Saiteninstrumente, Trommeln und sogar ein Spinett aus dem 16. Jh. Die Instrumente wurden aus der ganzen Welt zusammengetragen, und immer wieder wird auf ihnen auch gespielt.

Route d'Alès (nahe Bahnhof); Juli/Aug. 10–13 und 15–19 Uhr, Juni, Sept., So und Feiertage 14–18 Uhr

EINKAUFEN

Pôterie de la Madeleine
Für ihre Keramik-, besonders die großen Gartenvasen, ist die Stadt schon lange berühmt. Ludwig XIV. bestellte in Anduze einige Stücke für die Orangerie von Versailles.
Route de Nîmes

SERVICE

Auskunft
Office du Tourisme
Place du Plan-de-Brie (gegenüber dem Uhrturm), 30140 Anduze; Tel. 04 66 61 98 17, Fax 04 66 61 79 77; www.ot-anduze.fr

Ardèche

S. 113, östl. F 1/2

Kaum vorstellbar, aber bis in die 80er-Jahre warfen die Einwohner von Vallon, Ruoms und Aubenas ihren Müll einfach in den Fluss. 1980 wurde das Naturreservat **Gorges de l'Ardèche** geschaffen, womit der »grüne« Tourismus einsetzte. Wer heute im Sommer nach **Vallon-Pont-d'Arc** kommt, sieht vor lauter Kanus und Kajaks kaum mehr das Wasser. Die Bevölkerungszahl ist 40-mal größer als zur Winterzeit. 17 Bootsverleiher und etwa 3000 Wasserfahrzeuge warten auf Feriengäste.

Zwischen nördlicher und mediterraner Vegetations- und Klimazone hat sich der Fluss tief in das Kalkgestein geschnitten. Die Schönheit des 30 km langen **Canyons** mit seinen bizarren Felsgebilden und überraschenden Schleifen hat ihn auch für Anfänger des Wassersports in den vergangenen Jahren zu einem immer beliebteren Urlaubsziel gemacht.

Die grandiose Höhenstraße ist reich an idyllischen Aussichtspunkten. 1994 wurde eine Grotte mit 32 000 Jahre alten Malereien entdeckt. 2006 soll der Öffentlichkeit ein Nachbau zugänglich sein.
Etwa 90 km von Nîmes

SERVICE

Auskunft
Office du Tourisme des Gorges de l'Ardèche
1, place de l'Ancienne Gare, 07150 Vallon-Pont-d'Arc; Tel. 04 75 88 04 01, Fax 04 75 88 41 09; www.vallon-pont-darc.com

Escapade Loisirs
Hier kann man Höhlengänge, Klettertouren, Tagestouren mit dem Mountainbike und Rafting organisieren lassen oder einen Führer für eine Zweitagestour auf dem Fluss bekommen. Geschlafen wird in Biwaks am Ufer, zurück geht es per Bus. Im Angebot außerdem: Höhlenwanderungen und nächtliche Unternehmungen.
8, place de la Mairie, Vallon-Pont-d'Arc; Tel. 04 75 88 07 87, Fax 04 75 88 11 74; www.escapade-loisirs.com; Ostern–Allerheiligen 8–22 Uhr

Expo Grotte Chauvet
Eine Replik der berühmten Grotte Chauvet, in der Höhlenforscher 1994 einzigartige Felszeichnungen entdeckten, soll 2006 eröffnet werden. Bis dahin kann man sich hier mit Film und Fotos einen Einblick in die fantastische Unterwelt verschaffen.
Rue de Miarou, Vallon-Pont-d'Arc; Juli/Aug. tgl. 10–19, Ostern–Juni und Sept. Do–Di 14–18 Uhr

Beaucaire

S. 117, F 9

13 500 Einwohner

Bis ins 18. Jh. hinein war der Ort eine berühmte Messestadt. Jedes Jahr am 21. Juli wird mit einem historischen Umzug, Ausstellungen, Kunstmarkt, Konzerten und Corrida an die Vergangenheit erinnert.

Wenn von Ostern bis Oktober das Stierkampffieber erwacht, geht es friedlicher zu als bei den Nachbarn. Hier pflegt man die unblutigen Stierspiele, die »courses camarguaises«.
25 km von Nîmes

SEHENSWERTES

Les Aigles de Beaucaire

Im Schloss spielt man Mittelalter: Frei lebende Raubvögel führen am Himmel ihr Flugballett vor.

Château de Beaucaire, 11, rue du Courrier; 25. März–1. Nov. tgl. außer Mi 14, 15, 16 und 17 Uhr, Juli/Aug. tgl. 15, 16, 17, 18 Uhr

Le Mas des Tourelles

Rekonstruktion einer galloromanischen Weinkellerei. Erwachsene kosten Weine, während die Kinder spielen, und in der Boutique kauft man auch gleich die Souvenirs: Wein, Öl, Kunsthandwerk oder Getöpfertes.

4294, route de Bellegarde, etwa 4 km außerhalb; 1. April–5. Nov. tgl. 14–19, sonst Sa 14–18 Uhr

Le Vieux Mas

Hier wird das Leben auf dem Lande in der Provence zu Beginn des Jahrhunderts vorgeführt.

Route de Fourques, ca. 8 km in Richtung Arles; tgl. 10–19 Uhr, Jan. geschl.

SERVICE

Auskunft

Office du Tourisme

24, cours Gambetta, 30301 Beaucaire; Tel. 04 66 59 26 57, Fax 04 66 59 68 51; www.ot-beaucaire.fr

Florac

→ S. 112/113, C/D 2

2000 Einwohner

Drei Flüsse – Tarn, Tarnon und Mimente – treffen in dem Tal der Lozère, in dem Florac liegt, zusammen, und dann gibt es noch einen kleinen Fluss, der im Ort selbst entspringt. Man merkt schnell, dass man sich hier in einem viel besuchten Wanderparadies aufhält. Immer wieder tauchen die Hinweisschilder für einen »sentier«, einen Rundwanderweg, auf. Im Ort werden auch Privatzimmer vermietet.

Trotzdem sucht man hier im Sommer manchmal vergeblich nach einer Unterkunft. Wer vom Schloss aus, in dem auch das Büro des Cevennen-Nationalparks untergebracht ist, durch die Gassen schlendert, findet sich häufig in trostlosen Sträßchen wieder, in denen leer stehende Häuser zum Verkauf angeboten werden. Wohnen wollen hier nur wenige, aber als Basislager für die Wanderer auf den endlosen Herdenwegen des Causse Méjean oder im Nationalpark Cevennen und die vielen Wassersportler, die keine Unterkunft bei den Gorges du Tarn gefunden haben, ist Florac optimal.

115 km von Nîmes

HOTELS/ANDERE UNTERKÜNFTE

Grand Hôtel du Parc

In einem hübschen Park liegt das größte, ein wenig altmodische Hotel der Gegend; mit Schwimmbad.

47, av. Jean-Monestier; Tel. 04 66 45 03 05, Fax 04 66 45 11 81; 60 Zimmer ●● CREDIT

La Lozerette

Im Weiler Cocurès am Eingang des Parc National des Cévennes liegt das

Das kleine Florac ist ein beliebter Ausgangspunkt für zahlreiche Wanderwege.

alte Gebäude mit kleinen, aber charmanten Zimmern und einem schicken Speisesaal.
Cocurès, 5,5 km nordöstl. von Florac, über N 106 und D 998 zu erreichen; Tel. 04 66 45 06 04, Fax 04 66 45 12 93; 21 Zimmer ●● CREDIT

L'Auberge Cévenol

Eine gemütliche Landherberge, in der man im Sommer auf der Terrasse und im Winter am Kamin gut essen kann, sofern man rechtzeitig einen Tisch bestellt hat.
48400 La Salle-Prunet, 2 km außerhalb an der Straße nach Alès; Tel. 04 66 45 11 80; Mitte Nov.–Anfang Feb. geschl.; 8 Zimmer ●

Chantemerle

Kleine, aber schöne Camping-Anlage am Tarn-Ufer in Bédouès.
2 km außerhalb an der Straße nach Pont-de-Montvert; Tel. 04 66 45 19 66; 1. Juni–15. Sept.

Spaziergang

Beim Schloss beginnt der so genannte Quellen-Rundweg, der **Sentier de la Source**. In einer guten halben Stunde hat man die **Source du Pêcher** erreicht und kann von hier aus einen wunderschönen Panoramablick über Florac genießen.

Sehenswertes

Aven Armand S. 112, B/C 2

3

Zwischen Causse Méjean und Gorges de la Jonte liegt die vielleicht schönste Tropfsteinhöhle der Gegend. Sie wurde 1897 entdeckt und 1927 geöffnet. Mit einer Seilbahn fährt man hinunter in einen 35 m hohen und etwa 60 mal 100 m großen, merkwürdigen Saal voller bizarrer Kalkgebilde, die sich im Laufe von Jahrtausenden zu geheimnisvollen Figuren, ziselierten Gerätschaften und weißen Palmen geformt haben.
Ende März–Anfang Nov. 9.30–18 Uhr; 10 Grad!; Führung 45 Min.; Eintritt 8 €

Causse Méjean S. 112, B/C 2

Eine Wüste, 1000 m über dem Meeresspiegel gelegen, mit ganzen 1,4 Einwohnern auf einem Quadratkilometer. Nur einige Nebenstraßen und die »drailles«, die Herdenwege, sowie die großen Fernwanderwege durchziehen die öde Hochebene.

Gorges du Tarn S. 112, B/C 2

Zu Ostern, Pfingsten und natürlich im Sommer zieht es hier scharenweise Urlauber her. Hinter Ispagnac wird der kleine Fluss, der vom Mont Lozère kommt, ungestüm. Dann lässt er Granit und Schiefer hinter sich, gräbt sich tiefer, stürzt über 500 m hohe Stein-

Das Naturerlebnis der Tarn-Schluchten erschließt sich umfassend nur den Reisenden, die den Fluss mit dem Kanu befahren.

klippen in die Tiefe, zwängt sich zwischen La Malène und Les Vignes durch Engpässe, mäandert wild weiter wie am Cirque des Baumes, nimmt Haarnadelkurven bis hin zum Roc des Hourtous, wo Adler ihre Kreise über dem Wasser ziehen.

Parc National des Cévennes

→ S. 113, D/E 1

Der Nationalpark im Herzen der Cevennen, der nordöstlich von Florac beginnt und sich rund um den Mont Lozère auf über 330 000 ha erstreckt, ist 1970 gegründet worden, um die Vielfalt der Tiere und Pflanzen in klimatisch sehr unterschiedlichen Bereichen zu schützen und zu erhalten. Er ist Frankreichs einziger bewohnter Nationalpark, in der Kernzone siedeln um die 600 Menschen. Etwa 150 Vogelarten wurden gezählt, Auerhähne, Biber und Hirsche wieder angesiedelt. Man kann hier ausgezeichnet auf eigene Faust wandern, sich aber auch Führungen anschließen (www.cevennes-parcnational.fr). Im **Centre d'Information du Parc National des Cévennes** im Erdgeschoss des Schlosses erhält man Themenblätter über Unterkünfte, Wander- und Reitwege und Jugendcamps. Auch Wanderführer werden hier verkauft (Juni–Okt.; Tel. 04 66 49 53 00).

Schloss

Bevor die Nationalparkverwaltung 1973 das Schloss erwarb, renovierte und hier ihr Auskunftszentrum einrichtete, diente es als Ferienkolonie. Den großen Hof aus dem 13. Jh. mit dem Schloss aus dem 17. Jh. nutzte man im Laufe der Zeit als Herrensitz, Salzspeicher und Gefängnis.

Juli/Aug. tgl. 9–19 Uhr,
sonst wechselnd

SERVICE

Auskunft

Office du Tourisme

Av. Jean Monestier, 48400 Florac;
Tel. 04 66 45 01 14; www.ville-florac.fr

Le Grau-du-Roi – Port-Camargue

→ S. 117, D 11

5500 Einwohner

Auch mit neuen Fußgängerzonen und Blumenkübeln hat das Fischerstädtchen sich seinen Charme erhalten.

Von hier aus gelangt man auch nach Port-Camargue (3 km) mit Europas größtem Yachthafen vor dem bettenreichsten Wohnpark der Camargue. Wenn man den Ort rechts liegen lässt und weiterfährt in Richtung Phare de l'Espiguette, erreicht man etwa 5 km hinter Le Grau-du-Roi einen 8 km langen und unglaublich unbebauten breiten Sandstrand hinter hohen Dünen. Im »Seaquarium« besuchen Kinder und Erwachsene die Bewohner der Weltmeere.

49 km von Nîmes

HOTELS/ANDERE UNTERKÜNFTE

Le Spinaker

An einer Marina gelegen, bietet das Luxushotel entzückende Zimmer und Appartements, afrikanisch, marokkanisch oder provenzalisch dekoriert, mit Terrasse oder Gärtchen an. Ein von Pinien und Palmen umstandenes Schwimmbad gehört ebenso dazu wie ein Gourmetrestaurant, in dem man Rindercarpaccio mit Trüffelöl, Suppe mit kleinen Felsfischen und andere Köstlichkeiten genießt.

Pointe de la Presqu'île, Port-Camargue;
Tel. 04 66 53 36 37, Fax 04 66 53 17 47;
www.spinaker.com; 21 Zimmer ●●●●
CREDIT

SERVICE

Auskunft

Office du Tourisme

30, rue Michel Rédarès,
30240 Le Grau-du-Roi;
Tel. 04 66 51 67 70, Fax 04 66 51 06 80;
www.ville-legrauduroi.fr

Reiten

Ranch du Phare

Route de l'Espiguette; Tel. 04 66 53 10 87

Der Viadukt von Millau

Ein Wunderwerk aus Ingenieurskunst und Architektur, entworfen von Sir Norman Foster.

Eben noch war es wie immer: Der Obolus ist entrichtet, man gibt Gas und fädelt sich auf der französischen Autobahn ein. Aber jetzt entfernt sich die Landschaft in Windeseile, rutscht gleichsam weg, und links und rechts bleiben nur noch Wände. Führen mit gleichmäßigem Plexiglasmuster ins Nichts, erlauben keinen wirklichen Blick zur Seite oder hinunter, sind zu hoch, und sollen es auch sein, um vor dem Mistral zu schützen, der es mit seiner Wucht schon geschafft hat, Campingwagen von der Rhône-Autobahn zu fegen. Also ist es gut so. Die Rhône-Autobahn führt nämlich auf der Erde entlang, und man selbst fährt jetzt im Himmel. Vielleicht wäre es wie im Flugzeug, hätte man Berge, Straßen, Bäume und Häuser noch im Blick und wehte nicht das Nebelweiß einer Wolke auf die Windschutzscheibe zu. Niemandsland oder Niemandshimmel? Es gibt den Augenblick, in dem man das nicht wissen will. Und dann zerreißen die milchigen Schwaden, fliehen wie luftige Schleier und geben den Blick frei auf Dörfer und Wälder, Straßen und Felder. Man schwebt mit einer 2460 Meter langen Brücke 270 Meter über dem Flusstal des Tarn, irgendwo zwischen den Bergrücken des Causse Rouge im Norden und des Causse du Larzac im Süden. Nach Süden hin steigt die Fahrbahn leicht an, und dann eröffnet sich der Panoramablick über das Tal mit den glitzernden Mäandern des Flusses ganz weit unten. Höher fährt man nirgendwo auf der Welt. Der Boden unter den Rädern liegt auf Stahl und scheint doch nicht fest. Empfindsame Naturen, die das filigrane Bauwerk in einer leichten Kurve von dannen ziehen sehen, schwören, es nie wieder zu befahren. Oder nur bei Sonnenschein. Andere warten auf Hochnebel für den echten Nervenkitzel.

Der Viadukt von Millau, wie an Pylonen in den Himmel gehängt, überspannt im Département Aveyron das Tarn-Tal und schließt eine Autobahnlücke von Clermont-Ferrand nach Béziers, von den Bergen ans Mittel-

meer. Wer aus Paris kommt, soll Zeit sparen, nicht im Stau stecken, schwitzen, die Luft verpesten. Geplant wurde eine »Ortsumgehung« für Millau schon 17 Jahre vor der Eröffnung des Viadukts im Dezember 2004. 1996 gewann Sir Norman Foster, Architekt auch der Reichstagskuppel in Berlin, einen Wettbewerb zum Viadukt mit einer vielgliedrigen Schrägseilbrücke. Der bestechend schöne Entwurf überzeugte. Aber bis zum Baubeginn im Oktober 2001 waren noch unzählige Hürden zu überwinden.

Zwar baut man Schrägseilbrücken schon seit gut 50 Jahren, doch die besondere Situation warf neue Fragen auf. Die Trasse wird mit schrägen Stahlseilen an Pylonen aufgehängt. Wie viele Seile, was für Pylone, wie dem oft starken Wind trotzen? Ein bautechnisches Abenteuer begann im Windkanal. Im Maßstab 1:3000 wurde die Realität getestet, die hier Böen von bis zu 200 km/h heißt. Pfeiler, auf denen die Pylone ruhen, wurden verändert, Betonfahrbahnen durch Stahl ersetzt, Gewichte reduziert. Stück für Stück und gestützt auf turmhohe Hilfspfeiler näherten sich nach 32 Monaten Bauzeit die Fahrbahnteile von Norden und Süden einander an – bis im Mai 2004, um genau 14.12 Uhr, eine Champagnerflasche zersprang und die beiden Teile aufeinander stießen. Der Rest war fast Routine. 200 km vom berühmten Pont du Gard, dem 2000 Jahre alten Römerviadukt, entfernt war ein neues Weltwunder entstanden.

Auffahrt A 75 im Norden, 700 m hinter der Autobahnausfahrt 45: Millau/Saint-Beauzély/Castelnau-Pégayrols. Erste mögliche Abfahrt Richtung Saint-Rome-de-Cernon/Roquefort/Saint-Affrique (keine Auffahrt von Süden), danach La Cavalerie (südliche Auffahrt).

Rastplätze gibt es nördlich am Kreuz von Gamasse (»L'Aire de la Garrigue«) und direkt vor der nördlichen Auffahrt bei Brocuéjouls (»Viaduc de Millau«), im Süden »L'Aire de l'Aveyron« in Sévérac-le-Château und »L'Aire du Larzac« auf der Höhe von L'Hospitalet-du-Larzac.

Maut (péage) 4,90 € im Winter, 6,50 € im Sommer → S. 112, A 3

Nichts für schwache Nerven: Bei der Fahrt auf dem Viadukt von Millau – in Schwindel erregenden 270 Metern Höhe über dem Tarn-Tal – kann man den Wolken schon sehr nahe kommen.

Millau

S. 112, A 3

22 000 Einwohner

Das Provinzstädtchen am Ufer des Tarn gehört nicht mehr zum Languedoc-Roussillon – es liegt im Département Aveyron –, ist aber durch die neue Autobahn über das Tarn-Tal in die Region Languedoc nicht nur für Reisende aus anderen Ländern ins Blickfeld geraten. Der etwas verschlafene Ort, seit dem Mittelalter für die Topf- und Handschuhproduktion bekannt, hat die Tradition zumindest bei der Herstellung feiner handgefertigter Lederhandschuhe wieder aufleben lassen. In der Maison Fabre (20, bd. Gambetta) werden sie verkauft. Auf dem Marktplatz sitzt man an uralten Arkaden, Rue Droite und Rue du Voultre schmücken sich mit Häusern, von denen einige bereits im 12. Jh. entstanden sind.

95 km von Nîmes

Museen

Musée de Millau

Römische Töpferwaren, Ausgrabungen aus der Region und vor allem das Skelett eines 180 Millionen Jahre alten Plesiosauriers sind zu besichtigen, im ersten Stock gibt es Häute und Handschuhe.

Place du Maréchal Foch; tgl. 10–12 und 14–18 Uhr, Juli/Aug. durchgehend

Service

Auskunft

Office du Tourisme

1, place du Beffroi, 12100 Millau; Tel. 05 65 60 02 42, Fax 05 65 60 95 08; www.ot-millau.fr

Pont du Gard

S. 117, F 9

Dieser »Pont« ist eigentlich keine Brücke, sondern Teil eines 49 km langen
4 **Aquädukts**, der von einer Quelle bei Uzès aus den Wasserbedarf der Stadt Nemausus deckte. Auf der dritten Bogenreihe flossen 20 000 m^3 täglich in 49 m Höhe über das Gardon-Tal. Als im 4. Jh. Wartung und Kontrolle aufgegeben wurden, begann die Wasserleitung zu verkalken. Im 9. Jh. machte eine 40 cm dicke Kalkschicht sie gänzlich unbrauchbar.

Bewundernswert ist nicht nur die Ingenieurleistung, sondern auch das Kunstwerk an sich, das als siebtes Wunder der römischen Welt bestaunt wurde. Die Bogenläufe sind aus unabhängigen Ringen zusammengesetzt, woraus sich ihre Elastizität ergibt. Die großen, bis zu 6 t schweren Blöcke sind ohne Mörtel aneinander gefügt. Archäologen und Touristikmanager haben die Wasserleitung weiter ausgraben lassen. Der Amerikaner James Turrell hatte das Bauwerk 2000 ins rechte Licht gesetzt. Zwei große (kostenpflichtige) Parkplätze fangen die Besucher ab. Führungen, Film, Multimedia-Show und Kindergeländespielplatz sorgen für grundsätzliches Verständnis des Weltkulturerbes. Ob im klimatisierten Museum Expo (am linken Ufer), das von der Bautechnik bis zum römischen Alltag eine Menge Wissenswertes vermittelt, oder beim didaktisch klug aufgebauten Kinderspielmuseum Ludo – alles wird auch auf Deutsch vermittelt. Der Zugang zum Pont du Gard ist für Fußgänger frei, Picknicken, Wandern und Baden im Gardon sind also weiterhin erlaubt.

Museen etc. Juni–Aug. tgl. 9.30–22, sonst bis 18.30 Uhr; Tageskarte für alle Einrichtungen (inkl. Parkplatz) 9 €, nur Ludo 4,50 €, Führungen 4 €, nur Parkplatz 5 €

23 km von Nîmes

Saint-Gilles

S. 117, E 10

11 000 Einwohner

Die Portalanlage der ehemaligen **Abteikirche** (1166) des Städtchens zählt mit ihrem üppigen skulpturalen Schmuck zu den bedeutendsten roma-

Le Grau-du-Roi ist einer der wenigen Fischerorte am Golfe du Lion.

nischen Kunstwerken. Die UNESCO hat sie in die Liste des Weltkulturerbes aufgenommen. Im Mittelalter mächtigste Abtei im Languedoc und Wallfahrtsziel auf dem Jakobsweg nach Spanien, ist sie während der Religionskriege so zerstört worden, dass nur eine später verkleinerte Kirche ohne Chor und Langhaus zu besichtigen ist. Der wertvollste Teil, die Westfassade, ist erhalten: Unter drei Rundbogenportalen ist die biblische Geschichte dargestellt. Die Krypta (Zugang an der Südseite) aus dem 11. Jh. diente unter den flachen Gewölben als Unterkirche. Eine Wendeltreppe hinter der Kirche gilt als eines der großen Meisterwerke mittelalterlicher Steinmetzkunst.

Tgl. 9–12 und 14–17, Juli/Aug. 15–19 Uhr
20 km von Nîmes

Service

Auskunft

Office du Tourisme

1, place Frédéric Mistral,
30800 Saint-Gilles; Tel. 04 66 87 33 75;
www.ot-saint-gilles.fr

Saint-Jean-du-Gard

2500 Einwohner → S. 113, E 3

Die »Hauptstadt des Kamisardenlandes«, von welchem man mehr im Musée du Désert erfährt, ist Ausgangspunkt für die Fahrt mit dem Seidenzug nach Anduze oder zum Bambuswald. Beim Wochenmarkt am Dienstag trifft sich die Umgebung.

60 km von Nîmes

Hotels/andere Unterkünfte

La Corniche des Cévennes

Einfach, aber freundlich. Zum Essen kann man auf der Terrasse sitzen.

Quartier le Razet (letztes Haus am Ortsausgang Richtung Florac);
Tel. 04 66 85 30 38, Fax 04 66 85 32 48;
15 Zimmer ●●

L'Oronge

»Oronge« ist der Name eines seltenen Speisepilzes, der in den Cevennen gedeiht. Das Hotel, ein auffallend hohes Bauwerk mitten im Ort, war im 16. Jh. eine Umspannstelle für Post-

kutschenpferde auf dem Weg von Nîmes nach Florac. Robert Louis Stevenson beendete 1878 hier seine Reise mit der Eselin Modestine durch das Languedoc. Man sitzt und isst gut im schattigen Hof.
103, grand' rue; Tel. 04 66 85 30 34, Fax 04 66 85 39 73; 30 Zimmer ●● AmEx MASTER

Museen

Musée du Désert
Im Geburtshaus des Kamisardenführers Pierre Laporte, besser bekannt unter seinem Spitznamen Roland, wurde 1910 dieses Museum eingerichtet. Es ist Eigentum der Historischen Gesellschaft des französischen Protestantismus. Mit »Désert«, der »Kirche in der Wüste«, umschrieben die Hugenotten eine der furchtbarsten Phasen ihrer Geschichte, also die Zeit nach dem Edikt von Nantes und der Aufhebung der Glaubensfreiheit im Jahre 1685. »Le Désert« ist Symbol für den Durchhaltewillen der Glaubensgemeinschaft. Die Hugenotten interpretierten in Anlehnung an die Bibel ihre eigene Geschichte als Führung durch die Wüste. Den **Mont Aigoual** verehrten sie dabei als Pendant zum Berg Sinai. Das Museum liegt in Mas-Soubeyran, einem alten Cevennenweiler bei Mialet, 11,5 km südöstlich von Saint-Jean-du-Gard.
März–Nov. tgl. 9.30–12 und 14–18 Uhr, 1. Juli bis zum ersten So im Sept. durchgehend geöffnet; Eintritt 5 €

Auf der Place aux Herbes im Städtchen Uzès scheint die Zeit still zu stehen.

Musée des Vallées Cévenoles
Seide und Kastanien, die wichtigsten Wirtschaftsprodukte der Cevennen bis zum 19. Jh., stellen die Hauptthemen des Heimatmuseums dar, das in ehemaligen Stallungen aus dem 17. Jh. eingerichtet ist.
95, grand' rue; www.museedescevennes.com; April–Okt. 10–12.30 und 14–19, Juli/Aug. 10–19 Uhr, Nov.–März Di, Do 9–12 und 14–18, So 14–18 Uhr; Eintritt 4 €

Le Voyage dans le Temps
Geschichte auf vier Rädern, von der Postkutsche bis zum Pontillac. Besonders hübsch: das Stadtcoupé von 1860, mit dem der Maler Henri de Toulouse-Lautrec durch die Gassen von Montmartre klapperte.
Av. de la Résistance; während der Saison durchgehend geöffnet, sonst nur an So und Feiertagen; Eintritt 4 €

Service

Auskunft
Office du Tourisme
Place Rabaut-Saint-Etienne, 30270 Saint-Jean-du-Gard; Tel. 04 66 85 32 11, Fax 04 66 85 12 68; http://otsi.st.jeandugard.free.fr/

Uzès

→ S. 117, nördl. E 9

7800 Einwohner

Zwischen Cevennen und Mittelmeer liegt in einer sanften Hügellandschaft das bezauberndste Städtchen im

Languedoc. Urlauber erholen sich vor renovierten Arkaden, die schmucke Geschäfte verbergen, und unter Platanen von der Fülle historischer Denkmäler der Stadt, deren bekanntestes die **Tour Fenestrelle**, ein 42 m hoher Campanile aus dem 12. Jh., ist.
25 km von Nîmes

Hotels/andere Unterkünfte

Hôtel d'Entraigues
Gegenüber dem Bischofspalast steht das Haus aus dem 15. Jh., hübsch mit Antiquitäten eingerichtet und mit einem Schwimmbad ausgestattet.
8, rue de la Calade; Tel. 04 66 22 32 68, Fax 04 66 22 57 01; 17 Zimmer ●●● CREDIT

Mercure
Um ein Schwimmbad und eine schattige Terrasse herum sind mehrere Gebäude mit den Zimmern gruppiert. Man kann auch Tennis spielen. Das Restaurant ist nur abends geöffnet.
Route de Nîmes (0,5 km außerhalb des Ortes); Tel. 04 66 03 32 22, Fax 04 66 03 32 10; mercure.relaisuzes@wanadoo.fr; 65 Zimmer ●● CREDIT ♿

Sehenswertes

Duché
Alter Herzogspalast mit bemerkenswerter Renaissance-Fassade und der **Tour Bermonde**, auf die 48 sehr steile Stufen hinaufführen.
1. April–30. Sept. 9.30–12 und 14.30–18, sonst 9.30–12 und von 15.30 Uhr bis zum Einbruch der Dunkelheit

Place aux Herbes
»Cyrano de Bergerac« wurde hier gedreht. Eine perfekte Kulisse mit hübschen Häusern und Arkaden, besonders am Mittwoch- und Sonnabendvormittag, wenn Markt ist.

Saint-Théodorit
Zusammen mit der **Tour Fenestrelle** und dem Bischofssitz bildet die Kathedrale ein schönes Ensemble. Ihre Orgel stammt aus dem Jahre 1670.

Tour Fenestrelle
Der elegante Campanile, der einzige runde in Südfrankreich, ist nur von außen zu besichtigen. Der 42 m hohe romanische Glockenturm ist der Rest einer mittelalterlichen Kathedrale.

Essen und Trinken

Les Fontaines
Man isst – traditionell und gut – in einem schönen gewölbten Saal eines Hauses aus dem 16. Jh. in der Nähe der Place aux Herbes; im Sommer auch im kleinen Hof.
6, rue entre les Tours; Tel. 04 66 22 41 20; Sept.–Juni So abends und Mo geschl.
●●● MASTER VISA

L'Ancienne Gare
Hier wird ein günstiger Mittagstisch serviert, und jeden Abend stehen drei Menüs zur Auswahl: Es gibt provenzalische Spezialitäten.
Pont des Charettes; Tel. 04 66 03 19 15; tgl. geöffnet ●●

La Jasse
Aus einem alten Gut für Seidenraupenzucht ist ein schönes Restaurant geworden. In Steingewölben genießt man gute regionale Küche.
Arpaillargues, etwa 4,5 km hinter Uzès an der D 982 Richtung Moussac, auf der linken Seite hinter dem Musée 1900; Tel. 04 66 03 10 92 ●

Service

Auskunft

Office du Tourisme
Chapelle des Capucins, place Albert 1er, 30700 Uzès; Tel. 04 66 22 68 88, Fax 04 66 22 95 19; www.ville-uzes.fr

Märkte
Im Juni gibt es den Knoblauchmarkt, auf dem sich die Knollen als Riesenzöpfe türmen, im August Weinmarkt, und am dritten Sonntag im Januar wird der Tag der Trüffel begangen. Von Ende November bis Anfang März werden auf der Avenue de la Libération Trüffeln verkauft.

Montpellier und Umgebung

Unweit der temperamentvollen Hauptstadt der Region locken Naturwunder und Bilderbuchdörfer.

Zentrum des alten Montpellier ist die Place de la Comédie, an der auch das Opernhaus liegt.

Montpellier → S. 116, C 10/11

218 000 Einwohner

Stadtplan → S. 57

Keine Römerspuren, an denen andere Orte im Languedoc-Roussillon doch so reich sind. Also kein Grund, die Hauptstadt der Region zu besuchen? Das nur 1000 Jahre alte Montpellier bietet andere Qualitäten. Sie lassen Großstädter von einer Wohnung im Süden träumen, ziehen 60 000 Studenten an – die mehr als ein Viertel der Einwohner ausmachen! – und veranlassen Südfrankreich-Urlauber, immer wiederzukehren. Keine Stadt im Süden verändert sich so rasant, keine in Frankreich hat eine so große Fußgängerzone, keine so interessante Sozialwohnungen, zu denen die Besucherscharen hinströmen, und nirgends im weiten Umkreis gibt es so viel Musik und Theater, so viel sicht- und hörbares Leben. Zu weit zum Laufen? Wer lieber fahren möchte, nimmt Le Petit Train, einen Bummelzug, der alle fünf Minuten durch das alte Zentrum fährt, Tram oder Fahrrad.

Ein Bischof ließ im Jahre 819 auf dem Berg **Montiperet** eine Kirche bauen. Um sie herum entstand eine kleine Siedlung, nicht allzu weit von der alten römischen Schnellstraße Via Domitia entfernt. Im 10. Jh. ließ sich Wilhelm I. auf dem Nachbarhügel nieder. Man vertrug sich, und die Siedlungen näherten sich einander an. 1289 gestattete der Papst die Gründung einer Universität, deren medizinische, philosophische und juristische Fakultäten heute noch immer einen guten Namen haben.

Über die Jahrhunderte ging es wirtschaftlich mal auf, mal ab, mal mit Tuch- und Lederhandel, dann mit Wein. Die Probleme der Neuzeit begannen 1962 mit dem Ende des Algerienkrieges, als mehr als 25 000 Algerienfranzosen und Algerier nach Montpellier zogen. Montpellier wurde 1964 zur regionalen Hauptstadt. Damit kam Geld zur Erweiterung der Verwaltungsgebäude, zum Bau einer Trabantenstadt für 30 000 Menschen, zur Erweiterung der Universität und für ein großes Einkaufszentrum in der Mitte der Stadt. IBM errichtete hier ein Zweigwerk, und andere Hightech-Unternehmen folgten. Aus den neu entstandenen Bettenburgen am Strand kamen die Touristen in die Geschäfte und Boutiquen der Altstadt und ließen hier ihr Geld. Montpellier ging es gut. Die Einwohner wählten den linken Juraprofessor Frêche zu ihrem Bürgermeister, und jeder verfolgte Montpelliers Entwicklung ab jetzt mit großen Augen: Die Altstadt wurde saniert. In bester Innenstadtlage entstand mit Antigone auf dem Gelände einer ehemaligen Kaserne ein einzigartiges Wohnbauprojekt: Hinter Säulen und Kapitellen verstecken sich Sozialwohnungen. Mit Le Corum baute man ein modernes Kongresszentrum. Euromédicine ist ein biomedizinischer Industriekomplex und Agropolis eine agrartechnologische Untersuchungsanstalt von Weltruf. Nun wächst Montpellier dem Meer entgegen und ist schon Hafenstadt: In **Port Marianne** sollen einmal 50 000 Menschen leben.

Hotels/andere Unterkünfte

Le Guilhem → S. 57, b 1

Gebäude aus dem 16. und 17. Jh. sind als rustikales Hotel ausgestattet. Die obere Etage gewährt einen Blick auf die gotische Kathedrale Saint-Pierre. Balkons und Terrassen sind dem schönen Garten zugewandt.

18, rue Jean-Jacques Rousseau;
Tel. 04 67 52 90 90, Fax 04 67 60 67 67;
hotel-le-guilhem@mnet.fr; 24 Zimmer
●●● CREDIT

La Maison Blanche
→ S. 57, nordöstl. f 3

In dem in einem Park unter alten Bäumen mit kleinem Schwimmbad gelegenen Hotel, das an eine Südstaatenvilla erinnert, steigen auch viele

Künstler ab, die Montpellier besuchen. Rechtzeitig reservieren!
Ecke Av. de la Pompignane/46, rue de Salaison (2 km vom Zentrum); Tel. 04 99 58 20 70, Fax 04 67 79 53 39; www.hotel-maison-blanche.com; 37 Zimmer ●●● CREDIT

Les Arceaux ⇢ S. 57, westl. a 2
Hübsches Haus im Garten mit familiärer Atmosphäre, komfortabel.
33–35, bd. des Arceaux; Tel. 04 67 92 03 03, Fax 04 67 92 05 09; 18 Zimmer ●● AmEx MASTER VISA

Hôtel du Parc ⇢ S. 57, nördl. c 1
Aus einem Gebäude des 18. Jh. in einer ruhigen Seitenstraße ist ein sehr hübsches Hotel mit Garten (und Parkplatz) geworden. Die Zimmer sind individuell eingerichtet und klimatisiert. Das Frühstück kann man auf der schattigen Terrasse genießen.
8, rue Achille Bégé; Tel. 04 67 41 16 49, Fax 04 67 54 10 05; www.hotelduparc-montpellier.com; 19 Zimmer ●● AmEx VISA

Du Palais ⇢ S. 57, b 2
Nur fünf Minuten vom Zentrum entfernt in der Fußgängerzone liegt das schöne, mit hellen Zimmern, kopierten Antiquitäten und Blumen ausgestattete Haus.
3, rue du Palais; Tel. 04 67 60 47 38, Fax 04 67 60 40 23; 26 Zimmer ●● MASTER

Ulysse ⇢ S. 57, nordöstl. f 1
Eine gute Adresse in einem ruhigen Viertel. Zudem handelt es sich hier um ein wirklich südliches Haus, modern und stilvoll, mit individuell gestalteten Zimmern. Man kann hier auch kostenlos parken.
338, av. de Saint-Maur; Tel. 04 67 02 02 30, Fax 04 67 02 16 50; contact@hotelulysse.com; 24 Zimmer ●● DINERS MASTER

Spaziergang

Durch das alte Montpellier zu spazieren ist das reinste Vergnügen, auch wenn die schönen Stadtpaläste »nur« aus dem 17. und 18. Jh. stammen. Beginnen wir an der **Place de la Comédie**, »l'œuf«, das Ei, so genannt wegen ihres eiförmigen Grundrisses und lebendigster Punkt der Stadt. Hier, wo sich alles trifft, kann man sitzen und gucken und zuhören. Der Platz ist Laufsteg und Ruhepunkt zugleich mit Kunst und Kitsch und Straßenclowns, Cafés und Restaurants und außerdem von bemerkenswerten Bauwerken umstanden, wie der Oper aus dem Jahr 1888 und dem Brunnen mit den drei Grazien von 1776.

Am Nordende des Platzes geht es entweder nach rechts in die Einkaufspassagen des Triangle und Polygone oder nach links zur Esplanade Charles de Gaulle. Linker Hand der Promenade mit ihren Platanen und Wasserspielen, am Boulevard Sarrail, liegt das **Musée Fabre**. Am Ende der Esplanade trifft man auf das Kongresszentrum **Le Corum**, in dem sich zugleich das neue Opernpalais mit 2000 Plätzen befindet. Im Sommer kann man es samstags und sonntags betreten, ansonsten nur am Samstagnachmittag. Wer **Polygone** durchschreitet, betritt schon das Montpellier des Jahres 2000: **Antigone**. Über die Rue de la Loge (beachten Sie die Tür von Nr. 20!) kommt man zur Place Jean Jaurès, wenn man sich nicht vorher von zahlreichen Düften ablenken lässt und in den kleinen Geschäften in der Grand' Rue Jean Moulin oder der Rue de l'Argenterie (Nr. 3, 8, 10 und 20 lohnen einen Blick auf bemerkenswerte Fassaden) herumschlendert. Der Platz selbst ist ein überaus beliebter Studententreffpunkt.

Mit der Rue Foch erst hat man das alte Stadtzentrum Montpelliers erreicht. Ebenbild der Pariser Champs-Elysées mit der **Préfecture** und dem **Palais de la Justice** am anderen Ende vor dem Triumphbogen sollte sie werden, was jedoch nicht ganz gelungen ist. Die anschließende spätbarocke Promenade du Peyrou führt zum **Châ-**

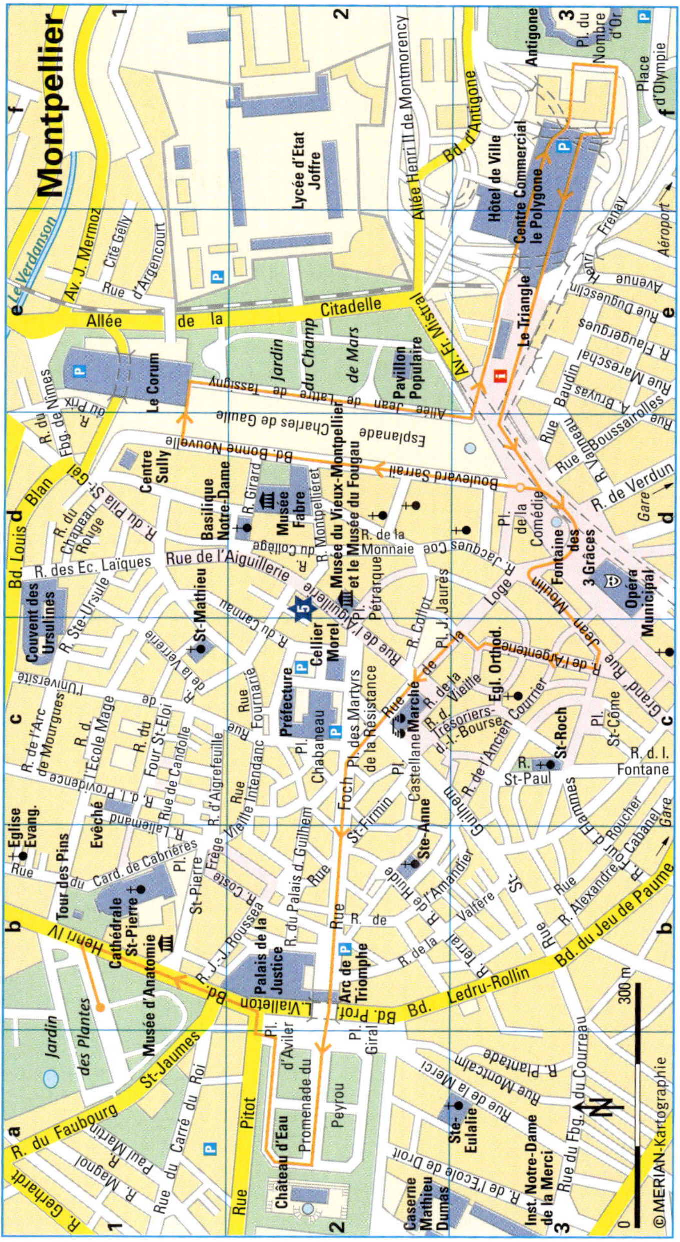

Montpellier
Le Verdanson
Av. J. Mermoz
Cité Gelly
Rue d'Argencourt
Allée de la Citadelle
Lycée d'Etat Joffre
Allée Henri II de Montmorency
Bd. d'Antigone
Antigone
Pl. du Nombre d'Or
Place d'Olympie
Hôtel de Ville
Centre Commercial le Polygone
Le Triangle
Le Corum
Jardin du Champ de Mars
Pavillon Populaire
Av. Fr. Mistral
Allée Jean de Lattre de Tassigny
Esplanade Charles de Gaulle
Bd. Bonne Nouvelle
Boulevard Sarrail
Pl. de la Comédie
Fontaine des 3 Grâces
Opéra Municipal
Rue Boussairolles
Rue Baudin
R. A. Bruyas
Rue Maréschal
R. Flaugergues
Rue Duguesclin
Avenue Henri Frenay
Aéroport
R. de Verdun
Gare
Rue Vanneau
Bd. Louis Blanc
R. du Pila St-Gély
Fbg. de Nîmes
R. du Pr.
Centre Sully
Basilique Notre-Dame
R. Girard
Musée Fabre
R. Montpellieret
Musée du Vieux-Montpellier et le Musée du Fougau
R. du Collège
R. de la Monnaie
Pl. Pétrarque
R. Jacques Cœur
R. Collot
Pl. J. Jaurès
R. Loge
Grand' Rue Jean Moulin
R. de l'Argenterie
Couvent des Ursulines
R. des Ec. Laïques
R. du Chapeau Rouge
Rue de l'Aiguillerie
R. Ste-Ursule
St-Mathieu
R. du Cannau
Cellier Morel
Préfecture
Pl. Chabaneau
Rue de l'Université
R. de la Verrerie
Rue Fournarié
Pl. des Martyrs de la Résistance
Rue de la Loge
Marché
R. de la Vieille
Egl. Orthod.
R. d. Trésoriers-d.-l.-Bourse
R. de l'Ancien Courrier
St-Roch
Pl. St-Côme
R. d. l. Fontaine
R. St-Paul
Pl. Castellane
Rue Foch
St-Firmin
Ste-Anne
R. de l'Arc de Mourgues
R. d. l'Ecole Mage
R. du Four St-Eloi
Rue de Candolle
R. d'Aigrefeuille
R. d. l. Providence
R. Lallemand
Rue Vieille Intendance
Frégé
Rue du Palais d. Guilhem
Guilhem
R. de l'Huile
R. de l'Amandier
Rue Valfère
St-Guilhem
Eglise Evang.
Evêché
Rue du Card. de Cabrières
Tour des Pins
Cathédrale St-Pierre
Musée d'Anatomie
Pl. St-Pierre
R. Coste
R. J.-J. Rousseau
Palais de la Justice
Arc de Triomphe
Bd. Henri IV
Bd. L. Vialleton
Bd. Prof. Ledru-Rollin
Bd. du Jeu de Paume
R. de la Terral
R. Fg. des Flammes
Rue Four d. Roucher
R. Alexandre Cabanel
Jardin des Plantes
R. du Faubourg St-Jaumes
Rue du Carré du Roi
Rue Pitot
Pl. d'Aviler
Promenade du Peyrou
Château d'Eau
Pl. Giral
R. Gerhardt
R. Magnol
R. Paul Martin
Ste-Eulalie
R. Plantade
Rue Montcalm
Rue de la Merci
R. de l'Ecole de Droit
Caserne Mathieu Dumas
Inst. Notre-Dame de la Merci
Rue du Fbg. du Courreau
300 m
© MERIAN-Kartographie

Postmodern und heftig umstritten ist das östlich der Altstadt gelegene Wohn- und Büroviertel Antigone.

teau d'Eau. Von hier aus kann man über eine alte Wasserleitung hinweg bis auf die Cevennen blicken. Der nördlich liegende **Jardin des Plantes** wurde 1593 als erster botanischer Garten Frankreichs zum Studium von Heilpflanzen angelegt. Mittags von 12 bis 14 Uhr ist er geschlossen.

Einen informativen zweistündigen Rundgang durch das historische Montpellier bietet das Office du Tourisme in der Saison einmal in der Woche (Do, 10.30 Uhr) auch auf Deutsch.

Sehenswertes

Antigone ···> S. 57, f 3

Auf einer Strecke, die mit 1800 m genauso lang ist wie die Pariser Champs-Elysées, hat der katalanische Architekt Riccardo Bofill in unterschiedlichen Stilrichtungen Sozialwohnungen, Büros und Geschäftshäuser geplant. Als Vorbilder dienten ihm ganz offensichtlich Griechen und Römer (sowie die Comics von Bilal, behaupten Franzosen), was dem Ensemble etwas Theatralisches verleiht.

Esplanade Charles de Gaulle ···> S. 57, d 3–e 1

Im 17. Jh. angelegt, aber nie so schön wie heute mit den vielen Bäumen und dem Wasser, in dem man seine Füße baumeln lassen kann.

Odysseum ···> S. 57, südl. f 3

Mit »Endstation Sehnsucht« wirbt Montpellier für den Haltepunkt der Tram-Linie 1 namens Odysseum: Zwischen Strand und Zentrum wächst ein neues Viertel aus dem Sand, Port Marianne, und zu den nagelneuen Highlights gehört Végapolis, ein Eispalast, der Jung und Alt jeden Tag Sport und kühles Vergnügen verspricht. Spektakel anderer Art bietet, auch im Vergnügungszentrum Odysseum, das Planetarium Galilée an. Technisch auf neuestem Stand, lädt es zu Ausflügen in die Galaxis ein.

Odysseum, Endstation Linie 1 oder A 9 Richtung Plages, Ausfahrt Millénaire

Promenade du Peyrou ···> S. 57, a 2

Am höchsten Punkt der Stadt wurde diese Promenade 1688 angelegt. Auf dem Wasserreservoir steht ein eleganter Säulentempel aus dem 18. Jh. Der Aquädukt Saint-Clément leitete das Wasser von der Lez-Quelle über das Tal in die Stadt.

Rue de l'Ancien Courrier ···> S. 57, c 3

Einer Post verdankt diese Straße ihren Namen. Besonders hübsch sind einige der luxuriösen Läden, die sie säumen. Ihren eigentlichen Charme jedoch machen die Gewölbe aus, die früher als Speicher und Ställe dienten und in denen heute Restaurants und Geschäfte untergebracht sind.

Museen

Musée d'Anatomie ···> S. 57, b 1

Faszinierend für alle, die ein Faible für Morbides haben und gerne konser-

vierte kranke Körperteile in alten Glasvitrinen und aus Wachs modellierte Gliedmaßen bestaunen.
2, rue de l'Ecole-de-Médecine; Mi 14–16.45 Uhr; Eintritt frei

Musée Fabre → S. 57, d 2
In einer ehemaligen Jesuitenschule ist eines der bedeutendsten Kunstmuseen Frankreichs mit zahlreichen wichtigen Werken von Courbet, Delacroix, Dufy, Ingres und Matisse untergebracht. Am meisten hat man von der Besichtigung, wenn man ins sechste Stockwerk hinauffährt und dann durch Etagen und Jahrhunderte nach unten wandert.
13, rue Montpelliéret; bis Sommer 2006 geschl.

Musée du Vieux-Montpellier et le Musée du Fougau → S. 57, d 2
Im Musée du Vieux-Montpellier kann man anhand eines Stadtplans von 1771, Möbeln aus jener Epoche sowie Prozessionsutensilien ein Stück Stadtgeschichte erforschen. Oben ist das Musée du Fougau mit einer Sammlung traditioneller Gewänder, alter Nähmaschinen und regionaler Kunst untergebracht.
Place Pétrarque, Hôtel de Varenne; Di–Sa 9.30–12 und 13.30–17 Uhr; Eintritt frei

Essen und Trinken

Chandelier → S. 57, f 3
Restaurant mit Aussicht im 6. Stock auf dem Dach eines verwegen geformten Gebäudes im Viertel Antigone. Im originellen Ambiente wird eine ambitionierte Küche serviert.
39, place Zeus; Tel. 04 67 15 34 38; Mo mittags und So geschl. ●●●
AmEx DINERS VISA

L'Ecrin d'Anais → S. 57, südl. c 3
»Ecrin« heißt Schmuckkästchen, und aus diesem werden kulinarische Köstlichkeiten gezaubert. Ob »formule du midi« oder »plat du jour«, mit überraschenden Kompositionen ist immer zu rechnen. Die Neugierigen sind zahlreich; Reservierung unerlässlich.
15, rue de la Fontaine; Tel. 04 67 02 14 50; So und Mo geschl.
●● AmEx VISA

Petit Jardin → S. 57, b 1
Mitten im Herzen der Altstadt liegt das Restaurant mit zwei ganz besonderen Vorzügen: Man sieht ihm den schönen Garten nicht gleich an, und es ist auch sonntags geöffnet. Gute regionale Küche.
20, rue Jean-Jacques Rousseau; Tel. 04 67 60 78 78; Mo geschl. ●● CREDIT

Le Vieux Four → S. 57, d 2
Traditionslokal, das sich rühmen darf, seit mehr als 25 Jahren Fleisch erster Qualität zu servieren. Außerdem regt der Holzkohlengrill den Appetit an.
59, rue de l'Aiguillerie; Tel. 04 67 60 55 95; Do–Di, nur abends ●● AmEx VISA

Einkaufen

Die schönsten Geschäfte findet man in der **Rue Saint-Guilhem**, der **Rue de la Loge**, der **Grand' Rue Jean Moulin** und der **Rue de l'Argenterie**. Wer

MERIAN-Tipp

5 Cellier Morel in Montpellier

Hier, in der Maison de la Lozère, hört man die Wölfe heulen und die Pilze wachsen. Warum und wie, wird nicht verraten. Die Küche ist so gut und das Lokal so gut besucht, dass sich Vorbestellung empfiehlt. Im Gewölbesaal im Untergeschoss wird ein hervorragendes und reichhaltiges Mittagsmenü serviert. Abends fühlt man sich als Gast vollends verwöhnt. Mancher findet hier sogar auch das lang gesuchte Mitbringsel.

27, rue de l'Aiguillerie;
Tel. 04 67 66 46 36; 13.–19. Aug.
Mo, Mi mittags und So geschl.
●●● CREDIT → S. 57, d 2

nachrechnet, stellt schnell fest, dass Kleidung günstiger ist und Lebensmittel teurer sind als zu Hause.

Am Abend

Die Abendcafés in der Altstadt um die Place Jean Jaurès schließen in Montpellier um 1 Uhr. Danach geht es in die »boîte«, die Disco. Die meisten Discos liegen an den Straßen nach Palavas (Le Matchico) und nach Carnon.

Grand Café Riche ⇢ S. 57, d 3

Mögen andere Cafés am Platz Moden und Launen folgen, so verharrt dieses doch mitsamt seinem Stammpublikum angenehm im Zeitgeist von gestern: Es ist elegant, man sitzt bequem, und die Quasi-Lounge-Musik ist dezent. Man genießt die ersten Sonnenstrahlen beim Kaffee wie den letzten Drink am Abend.
Place de la Comédie;
Tel. 04 67 60 75 76; tgl. 9–1 Uhr

Mimi-la-Sardine ⇢ S. 57, südwestl. a 2

In einer alten Keksfabrik treten regelmäßig die unterschiedlichsten Gruppen auf. Die Bar, die mit Sesseln aus Kunstleder eingerichtet ist, hat die Form einer Sardine. An zwei Billardtischen kann man Snooker spielen. Gute Atmosphäre, gute Musik.
690, chemin des Canquilloux;
Do–So 19–1 Uhr

Rockstore ⇢ S. 57, südl. d 3

In Montpelliers Rocktempel in einer alten Kirche nahe dem Bahnhof treffen sich die Jugendlichen zum Bier, Musikhören und Tanzen. Mehrmals unter der Woche finden Konzerte statt, manchmal kostenlos.
20, rue de Verdun; Mo–Sa 23–4 Uhr

Service

Auskunft

Office du Tourisme de la Région de Montpellier ⇢ S. 57, e 3

30, allée J. de Lattre de Tassigny,
im Sommer auch im Bahnhof;
Tel. 04 67 60 60 60, Fax 04 67 60 60 61;
www.ot-montpellier.fr

Flughafen

Von Montpellier gibt es täglich mehrere Verbindungen nach Paris und über Nizza nach München. Ryanair fliegt täglich nach Frankfurt-Hahn (www.ryanair.com).

Ziele in der Umgebung

Agde ⇢ S. 116, A 12

17 500 Einwohner

Agathé, die Schöne, nannten die Griechen den Ort, der vom Millionen Jahre alten Vulkangestein dunkel ist. Im Musée Agathois, einem Renaissance-Haus im Quartier Bourg vor der ehe-

Blick auf Béziers und den Pont de l'Orb. Die Cathédrale Saint-Nazaire überragt die alte Stadt.

maligen Stadtmauer (5, rue de la Fraternité), lässt sich die Vergangenheit mit Fischerei und Kunsthandwerk ergründen. Im Sommer bevölkern Millionen von Touristen die sieben breiten, feinsandigen Strände von **Cap d'Agde**. Auch viele Deutsche zieht es jedes Jahr hierher. Dann sind Yachthafen, Golf- und Tennisplätze sowie die künstlichen Inseln und Kinos, Nachtbars und Diskotheken bis auf den letzten Platz besetzt, und auch im Gassenlabyrinth der hübschen kleinen Stadt ist einiges los.

57 km von Montpellier

Service

Auskunft

Office du Tourisme

Bulle d'Accueil, 34305 Le Cap d'Agde; Tel. 04 67 01 04 04; und: 1, espace Molière, 34300 Agde; Tel. 04 67 94 29 68; www.capdagde.com

Béziers

S. 115, F 7/8

78 000 Einwohner

Beschaulich schöne Ecken sind in der ruhigen, von Wein umrankten Stadt zu finden. Bereits seit dem 1. Jh. unserer Zeitrechnung exportierte man von hier aus Wein über die Via Domitia in Richtung Rom. Im Mittelalter zerstörten Kreuzritter große Teile der Stadt, da das liberale Béziers sich standhaft weigerte, die Katharer auszuliefern. Aber bald wurde Béziers dank seines Weins wieder wohlhabend, und am Ende des 19. Jh. war es die reichste Stadt im gesamten Languedoc. Außer Wein zieht Béziers auch durch andere Attraktionen, wie beispielsweise Stierkämpfe und Rugby, Jahr für Jahr jede Menge Besucher an.

Der Charme der Stadt erschließt sich erst, wenn man sich schon fast mittendrin befindet und die **Cathédrale Saint-Nazaire** oberhalb des Pont de l'Orb postkartenschön vor einem liegt. Endlos, schattig und idyllisch erstrecken sich die **Allées Paul Riquet** – benannt nach dem aus Béziers stammenden Erbauer des Canal du Midi –, das eigentliche Stadtzentrum. Freitags wird aus der Stadt ein riesiger Markt.

71 km von Montpellier

Hotels/andere Unterkünfte

Château de Lignan

Schöner alter Bischofssitz im großen Park am Ufer des Orb mit angenehmen Zimmern. Schwimmbad.

Lignan-sur-Orb, 7 km nordwestlich von Béziers (D 19, Richtung Murviel); Tel. 04 67 37 91 47, Fax 04 67 37 99 25; www.chateauxhotels.com; 49 Zimmer

●●● ♿ 🐕

Le Champ de Mars

In einer ruhigen Straße in der Nähe der Place du 14-Juillet steht das kleine Haus mit Garten.

17, rue de Metz; Tel. 04 67 28 35 53, Fax 04 67 28 61 42; 10 Zimmer ●●

AmEx DINERS MASTER

Sehenswertes

Les Halles

In der sehr schön restaurierten Halle ist an jedem Vormittag Markt. Für viele gilt er als einer der besten in der ganzen Region.

Place P. Semard; Mo geschl.

Saint-Nazaire

Von der romanischen Kirche aus dem Jahre 1209 ließen die Kreuzzügler lediglich Krypta und Kapitelle im östlichen Langhaus stehen. Im 15. Jh. entstand schließlich der gotische Bau. Durch den Portalvorbau auf der rechten Seite kann man das Kloster betreten und dem kleinen Museum mit Grabsteinen und Sarkophagen einen Besuch abstatten. Eine Treppe führt hinunter in den Bischofsgarten. Von hier aus hat man einen bezaubernden Ausblick auf die Stadt.

Place des Albigeois; Kloster und Garten im Sommer 9–19, im Winter wie Kirche tgl. 9–12 und 14.30–18 Uhr

MUSEEN

Mit einer Eintrittskarte für 3 € kann man alle Museen der Stadt besuchen.

Musée des Beaux-Arts

Über drei Etagen hinweg erstreckt sich eine erlesene Gemäldesammlung mit Bildern von Eugène Delacroix, Maurice Utrillo, Giorgio de Chirico und anderen.

Hôtel Fabrégat, Place de la Révolution; Di–Sa 9–12 und 14–18, Juli/Aug. 10–18 Uhr

Musée du Biterrois

Ein beachtliches archäologisches und ethnologisches Museum in den Räumen einer ehemaligen Kaserne.

Rampe du 96, Caserne Saint-Jacques; Juli/Aug. Di–So 10–18, im Winter 9–12 und 14–18 Uhr

ESSEN UND TRINKEN

Cep d'Or

Die Küche ist ausgesprochen gut. Versuchen sollten Sie unbedingt einmal die Spezialität des Hauses, das »menu aïoli«.

7, rue Viernet; Tel. 04 67 49 28 09 ●●

SERVICE

Auskunft

Office du Tourisme

29, av. St-Saëns, 34500 Béziers; Tel. 04 67 76 47 00; www.ville-beziers.fr

Celles und Lac du Salagou

→ S. 115, F 6

Alle Häuser sind unbewohnt, und der ganze Ort ist aus Schutz vor Vandalismus umzäunt. Vor 20 Jahren siedelte die Regierung die Bewohner von Celles um, um für den Stausee **Lac du Salagou** Platz zu schaffen. Letztlich stellte sich die Umsiedlung als sinnloses Unternehmen heraus, da kein Wassertropfen des Sees die Ortschaft erreichte. Heute dient das auf so kuriose Art zur Geisterstadt gewordene Celles gelegentlich als Filmkulisse.

Der künstlich angelegte Lac du Salagou füllt den Krater eines erloschenen Vulkans. Noch 255 Millionen Jahre später verleihen die Folgen des letzten Ausbruchs der Landschaft ihre Färbung: rote Erde um einen blauen See. Das Gewässer ist beliebt bei Anglern, Seglern und für das Wochenendpicknick. Zelte stehen am Ufer, und Kinder lernen unter elterlicher Anleitung schwimmen. Für kleine Boote ist genug Platz vorhanden.

45 km von Montpellier

Cirque de Navacelles

→ S. 116, A 9

Radfahrer, Motorradfahrer, Wanderer und Autofahrer stehen und sitzen auf dem Mäuerchen und starren ins Tal hinunter: Ganz unten, am Rand eines Kalkplateaus, hat ein kleiner Fluss namens Vis einen 400 m tiefen Talkessel in den Kalk gefräst. In der Flussschleife liegt das Dorf Navacelles. Wie Spielzeugautos sehen von hier oben die Wagen aus, in die kleine Menschen steigen. Ganz langsam winden sie sich die Serpentinen hinauf zu den Neugierigen an und auf der Mauer. Hinunter kann man auch die Wanderroute nehmen. Für die 16 km muss man allerdings mit sieben Stunden Wegzeit rechnen! 5

54 km von Montpellier

Garrigues

→ S. 116/117, C 10–D 9

Die Garrigue ist eine Strauchheidelandschaft, die sich nördlich von Montpellier bis zu den Cevennen erstreckt. Auf langen ausgeschilderten Wegen kann man die Gegend, die sämtliche Vorstellungen von einer Heidelandschaft übersteigt, durchwandern. Steineichen wachsen hier sowie kniehoher Rosmarin und Thymian und Dornenbüsche. Schon im späten Frühjahr, wenn die Sonne auf das karge

Wasserkraft hat den eindrucksvollen Cirque de Navacelles geschaffen.

Land brennt, singen die Zikaden unermüdlich für die Spaziergänger.

La Grande-Motte

6450 Einwohner → S. 117, D 11

Als futuristisches Experiment umstritten, beargwöhnt und gleichermaßen geliebt wurde die Pyramidensammlung des Avantgarde-Architekten Jean Balladur, als sie Mitte der 60er-Jahre in den südfranzösischen Sand gesetzt wurde, um die Urlauberströme nach Spanien zu bremsen und im eigenen Land zu halten. Zwei Monate lang im Jahr tobt das Leben in der künstlichen Gemeinde. Wenn danach allerdings Kinderanimationen, Freilufttheater, Diskotheken, Nachtklubs, Restaurants, Golf- und Tennisplätze wieder verwaist sind, bleibt nur eine »grande motte« übrig, ein großer Steinhaufen mit Thalassotherapie.

28 km von Montpellier

SERVICE

Auskunft

Office du Tourisme

Place de la Mairie, 30210 La Grande-Motte; Tel. 04 67 56 42 00, Fax 04 67 29 03 45

Lamalou-les-Bains

2150 Einwohner → S. 115, E 6

Lebhaft geht es in dem Thermalbad zu, das in einer Gegend errichtet wurde, die an künstlich geschaffenen Attraktionen arm ist. Hier kurierten schon André Gide und Alphonse Daudet, Alexandre Dumas und der Sultan von Marokko ihre Gelenkleiden. Das Bad ist ganz im Stil der Belle Epoque gehalten. Einmal im Jahr wird hier ein

MERIAN-Tipp

6 Cirque de Mourèze

Etwa 8 km von Clermont-l'Hérault entfernt, an der D 908, verschmilzt das alte Dorf Mourèze zusammen mit enormen Steingiganten zu einer bizarren Felslandschaft. Auf sechs oder sieben Kilometern lösen riesige Steinformationen einander ab. Felsige Dämonen ragen aus der Erde auf. Mit festen Schuhen kann man sich die Urlandschaft abseits der angebotenen Führung gut erwandern.

→ S. 115, F 6

Operettenfestival veranstaltet. Außerdem hat man verschiedene Möglichkeiten, sich zu unterhalten, sei es im Kino oder in einem der vielen Cafés und Restaurants.
79 km von Montpellier

SERVICE
Auskunft
Office du Tourisme
1, avenue Capus, 34240 Lamalou-les-Bains; Tel. 04 67 95 70 91, Fax 04 67 95 64 52

Pézenas

S. 116, A 11

7600 Einwohner

Wegen seiner fürstlichen Feste wurde der Ort einst »Versailles du Languedoc« genannt. Unter Ludwig XI. im 13. Jh. schon königliche Stadt und von da an in wechselndem fürstlichen Besitz, hat sich der Ort ein reichhaltiges Kulturerbe bewahrt. Ein ausgeschilderter Rundgang beginnt am Fremdenverkehrsbüro auf der Place Gambetta und führt an den schönen Fassaden aus einer reichen Zeit vorbei.
55 km von Montpellier

SERVICE
Auskunft
Office du Tourisme du Pays de Pézenas
Place Gambetta, 34120 Pézenas; Tel. 04 67 98 36 40; www.ville-pezenas.fr

Vom Mont Saint-Clair aus kann man den belebten Hafenort Sète gut überblicken.

Saint-Guilhem-le-Désert

S. 116, A 10

230 Einwohner

Schon wieder ein Bilderbuchdorf, das auch im Mittelalter die Massen anzog. Das ist heute nicht anders. Auf seinem Rückweg von Rom um das Jahr 800 herum ließ Wilhelm der Kurznasige das Kloster auf der Anhöhe errichten. Nach seinem Tod wurde er hier auch begraben, doch sein Sarkophag verschwand während der Religionskriege. Kostbare Reliquien im Inneren des Klosters machten das Dorf zu einem Wallfahrtsort für Jakobspilger auf dem Weg nach Spanien und zum Weltkulturerbe.
47 km von Montpellier

HOTELS/ANDERE UNTERKÜNFTE
Mas Cambournet
Abgelegener Bauernhof ca. 15 km südlich mit sechs großzügigen Zimmern und gutem Abendessen.
Familie Perre; Anfahrt über Gignac und RN 109 Richtung Montpellier, dort nach ca. 3 km abbiegen (ausgeschildert); Tel. 04 67 57 55 03

SERVICE
Auskunft
Office du Tourisme
Kanuverleih für Touren auf dem Hérault, Fahrradverleih.
2, rue de la Font Portal, 34150 Saint-Guilhem-le-Désert; Tel./Fax 04 67 57 44 33; E-Mail: ot-St-Guilhem@wanadoo.fr

Sète

S. 116, B 11/12

42 000 Einwohner

Kanäle durchziehen das Hafenstädtchen, und Wohlwollende bezeichneten es sogar als das Venedig des Languedoc. Das ist übertrieben, denn der älteste Fischereihafen an der Küste (seit 1666) ist von Industrie, Lärm und Beton geprägt. Auch die Strände lassen zu wünschen übrig. Doch bietet der Ort eine gute Ausgangsbasis für Ausflüge in alle Richtungen. Und abends, wenn sich die hell erleuchteten Restaurants im Wasser spiegeln und die Stadt nach Fisch und Knoblauch duftet, gewinnt sie den Charme zurück, den die berühmten Söhne von Sète, Georges Brassens und Paul Valéry, besungen haben.

35 km von Montpellier

Hotels/andere Unterkünfte

Grand Hôtel

6 Das um 1880 erbaute Hotel hat seinen unwiderstehlichen bourgeoisen Charme ganz und gar erhalten. Um einen wunderschönen Patio gruppieren sich stilecht möblierte Zimmer. Das Restaurant ist exzellent.

17, quai de Lattre de Tassigny; Tel. 04 67 74 71 77, Fax 04 67 74 29 27; www.sete-hotel.com; 47 Zimmer ●●● CREDIT

Port Marine

Modernes Haus an der Môle Saint-Louis, die unter Ludwig XIV. gebaut wurde. Die Einrichtung der Zimmer erinnert an Schiffskabinen. Solarium auf dem Dach.

Môle Saint-Louis; Tel. 04 67 74 92 34, Fax 04 67 74 92 33; www.roussillhotel.com; 42 Zimmer, 6 Appartements ●●● CREDIT

L'Orque Bleue

Mitten im Zentrum versteckt sich das hübsche Hotel hinter Stuck und Säulen. Von den Zimmern zum Kanal genießt man die Aussicht auf die Stadt.

10, quai Aspirant Herber; Tel. 04 67 74 72 13, Fax 04 67 51 20 17; 30 Zimmer ●● CREDIT

Sehenswertes

Espace Georges Brassens

Seit 1991 kann man sich hier mit dem Leben und Wirken des anarchistischen Barden vertraut machen. Das Grab von Brassens befindet sich auf dem nahe gelegenen Cimetière Le Py.

67, bd. Camille Blanc; Juni–Sept. tgl. 10–12 und 14–18 Uhr, sonst Mo geschl.

Mont Saint-Clair

Von dem nur 182 m hohen Berg hat man einen wunderschönen Blick über die Stadt. Richtung Béziers, dann den Schildern nach rechts folgen.

Essen und Trinken

Palangrotte

Ein Restaurant für Seeleute, jedenfalls für alle, die gern Fisch essen.

Rampe P. Valéry, quai Marine; Tel. 04 67 74 80 35; So abends und Mo geschl., außer im Juli und Aug. ●●● AmEx MASTER VISA

La Panne

Auf dem am Ende der Môle Saint-Louis liegenden Schiff kann man vorzüglich Fisch essen, dazu einen weißen Corbières trinken und manchmal auch Chansons lauschen.

Môle Saint-Louis; Tel. 04 67 74 49 50; März–Ende Okt. tgl., sonst So und Mo abends geschl. ●●

Service

Auskunft

Office du Tourisme

60, grand' rue Mario Roustan, 34200 Sète; Tel. 04 67 74 71 71, Fax 04 67 46 17 54; www.ville-sete.fr

Sète Croisière

Im Sommer werden täglich Schiffsfahrten um Sète, zum Bassin de Thau, zum Angeln und manchmal auch nach Aigues-Mortes angeboten.

Carcassonne mit Katharerland

Der Traum einer Festungsstadt und eine Fülle romantisch gelegener alter Burgruinen.

Der Mittelalter-Nostalgie des 19. Jahrhunderts ist es zu danken, dass die Oberstadt von Carcassonne erhalten blieb.

Carcassonne → S. 114, A/B 8

43 900 Einwohner

Stadtplan → S. 68

Vom Abrissobjekt zum Kindertraum

Mit dem Hausboot ist die Anreise am schönsten. So hat man im Sommer eine beschauliche Fahrt unter dem kilometerlangen Platanenschirm über den **Canal du Midi** hinter sich, bevor die Karussellmusik in den Ohren klingelt, die Animateure in die Folterkammern locken, die eben erstandenen Plastikschwerter kichernder Kinder aneinander klappern und sich die Düfte von gebrannten Mandeln, Pommes frites und schwitzenden Menschenmassen mischen. Der Bürgermeister von Carcassonne sinniert darüber, die Tagestouristenzahl zu begrenzen. Doch nicht einmal die Parkgebühren, die so hoch sind, dass man für die gleiche Summe eine kinderreiche Familie mit Baguettes versorgen könnte, schrecken die Fans der mittelalterlichen Burg. Für Amerikaner rangiert sie hinter dem Mont Saint-Michel und den Loire-Schlössern auf Platz 3 der Hitliste französischer Sehenswürdigkeiten. Auch Walt Disney soll sich hier Anregungen geholt haben. 1997 ist die Cité von Carcassonne von der UNESCO in die Liste des Weltkulturerbes aufgenommen worden.

Dabei wollte man die mittelalterliche Oberstadt, **la Cité**, eigentlich
7 abreißen, weil niemand sie mehr brauchte. Die Grenze zu Spanien verlief längst durch die Pyrenäen, weshalb von dieser Seite keine Gefahr mehr drohte. Statt des Militärs regierten Wein- und Tuchhandel die Unterstadt, in der sich die Bewohner Carcassonnes angesiedelt hatten, da sie zur Strafe für ihre Unterstützung der Katharer aus der Oberstadt vertrieben worden waren. Der berühmte Architekt Viollet-le-Duc begann 1844 mit der Restaurierung des mittelalterlichen Relikts. Er machte es schöner als zuvor und zum Traum zahlloser großer und kleiner Kinder.

3 km doppelter Festungsmauern und 56 Türme umschließen heute den Ort mit Schloss und Kathedrale, Marktplatz, teuren Hotels – und einer Jugendherberge – sowie unzähligen Andenkenläden und Gaststätten. Im Sommer hallen die betörenden Lieder mittelalterlicher Minnesänger zwischen den Mauern und kreuzen »Ritter« die Klingen an einem Ort, an dem eher das Töten als das Spielen die Geschichte prägte. »Lices« heißen die Gräben zwischen den Festungsmauern. Hier ist es dann auch gleich etwas stiller: Manche Besucher der Stadt lassen sich zum Picknick nieder oder unternehmen einen Spaziergang, auf dem man vielleicht ermessen kann, wie ab- und eingeschlossen zugleich das Leben hier einmal gewesen sein muss.

Aber plötzlich hört man wieder ein Pferd schnauben. Und schon klappert ein voll besetztes Kutschengespann um die Ecke und man fühlt sich wieder in alte Zeiten zurückversetzt!

Die »ville basse«, die Unterstadt, soll übrigens zukünftig neu benannt werden. Man spricht in Paris schließlich auch nicht vom Montmartre als der Unterstadt, beschied der Bürgermeister entschlossen.

Mindestens eine Stelle in dem stillen und etwas langweiligen Städtchen überbietet die Festung an Schönheit: der **Pont-Vieux** über die Aude aus dem 13. Jh. mit seinen zwölf Bögen auf 210 m Länge. Von hier aus hat man besonders abends einen herrlichen Blick auf die oben gelegene illuminierte Kulisse.

Hotels/andere Unterkünfte

Du Donjon → S. 68, b 2/3

Mittelalterliches Haus mit neuestem Komfort, Garten, Klimaanlage, Bar, Salons und Parkmöglichkeit. Einzig-

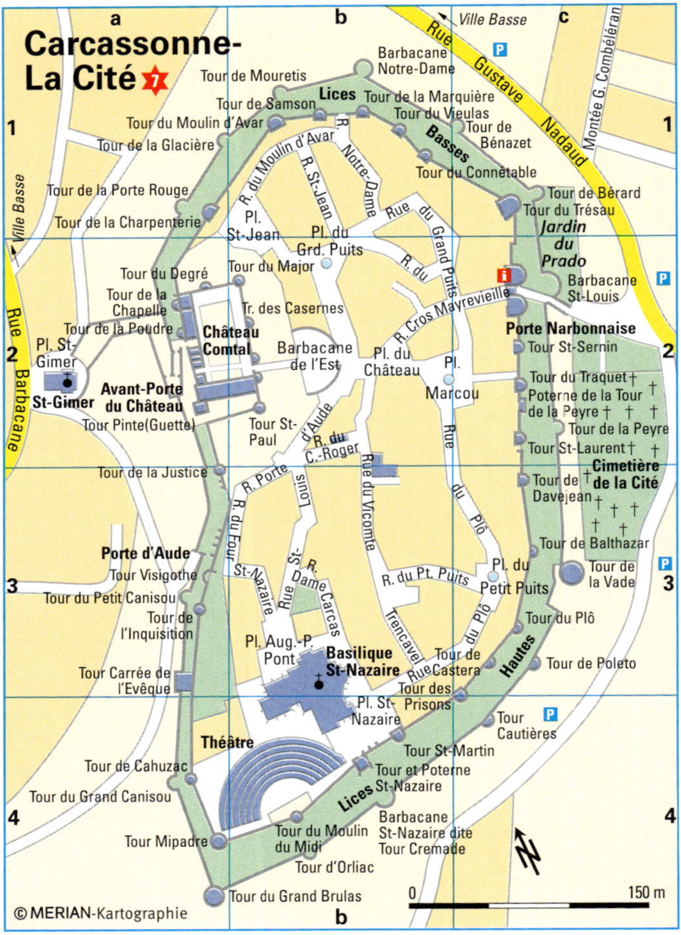

artige Treppe vom wunderschönen Erdgeschoss aus dem 14. Jh. ins 20. hinauf. Aufzug vorhanden.

2, rue du Comte-Roger;
Tel. 04 68 11 23 00, Fax 04 68 25 06 60;
www.hotel-donjon.fr; 56 Zimmer ●●●
CREDIT ♿ 🐕

Hostellerie St-Martin ···> S. 114, A 8
Im Weiler Montredon, nur 4 km außerhalb über die Rue A. Marty zu erreichen, findet man die Ruhe selbst. Das ländliche Haus im Park ist von nichts als Landschaft umgeben. Die hübschen Zimmer sind rustikal-provenzalisch eingerichtet. Glücklicherweise gibt es am Ende des Parks ein Restaurant in einem schönen Gebäude aus dem 14. und 17. Jh. neben einem Turm aus dem 12. Jh. Serviert wird vor Fresken oder auf der Terrasse eine klassisch-gute Regionalküche.

Hameau de Montredon;
Tel. 04 68 47 44 41, Fax 04 68 47 74 70;

www.chateausaintmartin.net; 15 Zimmer
●●● AmEx DINERS MASTER ♿

Trois Couronnes ⇢ S. 68, westl. a 1
Die wunderbare Lage nahe dem Pont-Vieux am Ufer der Aude verspricht den Traumblick auf die Cité, und dazu gibt es auf der oberen Etage auch noch ein Panorama-Restaurant.
2, rue des Trois Couronnes; Tel. 04 68 25 36 10, Fax 04 68 25 92 92; 69 Zimmer ●●● CREDIT

Sehenswertes

Basilique St-Nazaire ⇢ S. 68, b 3/4
Die romanische Kirche aus dem 13. Jh. hat trotz mehrfacher Vergrößerungen ihre Harmonie erhalten. Viollet-le-Duc beschrieb sie als Juwel im Museum Carcassonne. Das hinderte ihn jedoch nicht daran, den Glockenturm zur Zinne für die Festung umzubauen. Die Kirchenfenster mit ihrer feinen Zeichnung gelten als die schönsten im Süden Frankreichs.
Tgl. 9–12 und 14–18.30 Uhr

Château Comtal ⇢ S. 68, a/b 2
Die Festung in der Festung wurde 1130 erbaut und diente zunächst als Gefängnis, im 19. Jh. als Kaserne, im Ersten Weltkrieg wieder als Haftanstalt (für 300 deutsche Offiziere) und im Zweiten Weltkrieg als Hauptquartier für die Nazis. Heute ist sie Museum und Zeugnis für das kriegerische Mittelalter. Mit der Eintrittskarte kann man auch das (interessantere) **Musée lapidaire** mit Fundstücken aus der Geschichte Carcassonnes und alten Gemälden besuchen.
Juni–Sept. tgl. 9.30–19.30, Okt.–März 9.30–17, April/Mai 9.30–18 Uhr, an Feiertagen geschl.

Porte Narbonnaise ⇢ S. 68, c 2
Narbonne im Osten zugewandt, liegt der Haupteingang der Festung zwischen zwei Zwillingstürmen aus dem 13. Jh., die 30 m hoch und 4 m breit sind. In den Türmen Ausstellungen moderner Kunst.

Promenade de Lices
⇢ S. 68, a 1–c 4
Gleich links hinter der Brücke nach dem Eingang kann man in den Festungsgraben einbiegen. Man sieht hier mehr als in den schmalen Gassen der Altstadt und kann gut erkennen, welche der Türme nachgebaut wurden. Morgens und abends ist es hier sehr ruhig. Mehrere Treppen führen immer wieder in das Ortsinnere.

Zeugnis einer langen und kriegerischen Geschichte – das Château Comtal als Teil der Befestigungsanlagen von Carcassonne.

So luxuriös kann man in Carcassonnes Cité logieren.

Essen und Trinken

Auberge de Dame Carcas

⋯› S. 68, b 2

Ein renommiertes Gasthaus mitten in der Cité, dem der Touristenrummel über die Jahre hinweg nicht geschadet hat. Ob man im Gewölbekeller oder auf der Terrasse Platz nimmt, das Essen ist gleichermaßen köstlich und das Brot selbst gebacken. Regionale Weine werden zu angenehm zivilen Preisen serviert.

3, place du Château; Tel. 04 68 71 23 23; Jan. und Mi nur abends geöffnet ●● MASTER

La Divine Comédie

⋯› S. 68, nordwestl. b1

Die »Göttliche Komödie« ist ganz offensichtlich ein beliebter Treffpunkt Einheimischer in der Unterstadt. Zu den Spezialitäten des Hauses gehört ein guter »cassoulet«, aber man kann unbesorgt auch Pizza essen. Reservierung ist ratsam.

29, bd. Jean Jaurès; Tel. 04 68 72 30 36; So geschl. ●● CREDIT

Le Tréseau ⋯› S. 68, nordöstl. c 1

Ein freundliches und ruhiges kleines Haus, nur fünf Gehminuten von der Cité entfernt. Seine rosa Fassade mit grünen Läden taucht hinter dem Hotel L'Octroi auf. Im Sommer isst man hier einfach in angenehmem Ambiente und preisgünstig auf der Terrasse.

9, montée G. Combéléran; Tel. 04 68 47 66 47 ●

Einkaufen

La Cavavin ⋯› S. 68, nordwestl. b 1

Weinfreunde finden hier Erzeugnisse aus der Region sowie die bekannten Sorten aus anderen Gebieten Frankreichs in beachtlicher Auswahl.

69, rue de Verdun

Marché ⋯› S. 68, nordwestl. b 1

Unter alten Platanen verkaufen die Bauern aus der Umgebung dienstags, donnerstags und samstags von 7–13 Uhr ihre Waren auf dem Markt.

Place Carnot

Saveurs de l'Aude

⋯› S. 68, nordwestl. b 1

Regionale Produkte und dabei natürlich die obligatorische Dose (oder das Glas) mit »cassoulet« für zu Hause.

12, rue Armagnac

Am Abend

Le Xenon ⋯› S. 68, nördl. b 1

Die Disco für alle Generationen: Living-Room mit Musik der 70er/80er und Saal mit Techno, House, Latino.

Route de Mazamet; Tel. 04 68 25 97 62; tgl. 22–5 Uhr

Service

Auskunft

Office du Tourisme

⋯› S. 68, nordwestl. b 1

15, bd. Camille-Pelletan, 11012 Carcassonne, B.P. 842; Tel. 04 68 10 24 30, Fax 04 68 10 24 38; www.carcassonne-tourisme.com

Midi-Croisières

→ S. 68, nordwestl. b 1

Verleih von Motorrollern, Motorschiffen und Tretbooten.

Gegenüber vom Bahnhof; Tel. 04 68 47 57 58

Veranstaltungen

Les Aigles de la Cité

Raubvogelschau an der Colline de Pech Mary.

800 m vor der Cité; Juli/Aug. tgl. 15, 17 und 18.30, sonst 15 Uhr, So auch 16.30 Uhr; Eintritt 7 €

Festival de Carcassonne

Theater, Tanz und Jazz im Juli.

www.festivaldecarcassonne.com

Médiévales

In der Cité wird Anfang August Mittelalter gespielt.

14. Juli

Nirgends in der Region wird der Nationalfeiertag mit solchem Aufwand begangen, und vielen ist es das schönste Spektakel überhaupt: Das Schloss, die Türme und Zinnen, die ganze mittelalterliche Cité erstrahlt in leuchtendem Rot, bevor ein Feuerwerk sie in buntes Licht taucht.

Ziele in der Umgebung

Château de Peyrepertuse

→ S. 118, C 14

Wer sich nicht für Burgen interessiert oder nicht klettern mag und wem die Katharer egal sind – eine Festung sollte er vielleicht doch näher ins Auge fassen. Die Ruinen des Château de Peyrepertuse bilden die Reste der größten mittelalterlichen Befestigung im Languedoc. Die Jahrhunderte haben die Steine auf den hellen Felsen gebleicht, und je näher man kommt, desto imposanter erheben sie sich: Fast 2,5 km Steinmauern umschlossen eine kleine Stadt.

8 Im 11. Jh errichtet, wurde die **Zitadelle** später noch um eine zweite Burg verstärkt. Hier kann man hinaufsteigen und die Überreste der ersten besichtigen, die über eine in den Fels gehauene Treppe zu erreichen ist. Feste Schuhe und mindestens eine Stunde Zeit braucht man für Aufstieg und Besichtigung. Wer hinunterklettert, tut das mit dem Gefühl, sich dies mittelalterliche Monstrum wirklich erarbeitet zu haben, aber es lohnt sich.

Zerstört im Widerstreit religiöser Überzeugungen – die Katharerburg Peyrepertuse.

Von **Cucugnan** aus gelangt man auf der D 14 nach 4 km nach **Duilhac-sous-Peyrepertuse,** wo man am Ortseingang links fährt. Am Ende der kleinen Straße kann man parken. Eintritt muss man für den Aufstieg von April bis September, im Oktober nachmittags und an Wochenenden und während der Schulferien bezahlen. Sonst sind die Kassenhäuschen verwaist, ähnlich wie bei den anderen Festungen. Vermeiden Sie es jedoch wegen der Gefahr eines möglichen Steinschlags auf jeden Fall, allein oder nachts hochzuklettern.

78 km von Carcassonne

Corbières und Katharerland ⟶ S. 118/119, C 14–D 13

Südlich des Canal du Midi und der Autobahn 61, die Atlantik und Mittelmeer verbindet, von Carcassonne bis Narbonne zieht sich das ehemalige Land der Katharer und ihrer verlassenen Burgen hin.

Der Ursprung dieser religiösen Bewegung wird im Balkan vermutet. Von dort aus zogen die »boni homines«, die »guten Menschen«, etwa im 12. Jh. durch viele Länder Europas und ließen sich hier nieder. Ihr Einfluss in Südfrankreich währte jedoch nur bis ins 14. Jh. Da die Katharer revolutionäre religiöse Grundsätze vertraten, für die Abschaffung der Todesstrafe und der Leibeigenschaft einstanden und ihr Leben auf strenge Askese, Wahrheitsliebe und Zivilcourage gründeten, machten sie sich die allgewaltige römisch-katholische Kirche zum Gegner. Große Teile des Adels schlossen sich dem Katharerzweig der Albigenser an. Papst Innozenz III. erklärte diese kurzerhand zur bedrohlichen Sekte, rief gegen die Dämonen, wie er sie bezeichnete, zum Kreuzzug auf und leitete damit die blutigen Albigenserkriege ein. Gewaltige Ruinen, vor allem in den Corbières, von denen die meisten nur mühsam und zu Fuß zugänglich sind, sind die letzten Zeugen der Katharerzeit.

Etwa 50 km von Carcassonne

Cucugnan ⟶ S. 119, D 14

113 Einwohner

Alphonse Daudet hat mit seinen »Lettres de mon moulin« das hübsche Dorf mit seinen altertümlichen Sträßchen und in warmen Farben gehaltenen Häusern unsterblich gemacht. Dabei galt es lange als bloße Erfindung des Dichters. Von Cucugnan aus erreicht man nach 2 km auf der D 123 das **Château de Quéribus** in 730 m Höhe. Die im 11. Jh. erbaute

Auf dem Ende des 17. Jahrhunderts angelegten Canal du Midi kann man in einem Hausboot gemächlich dahingleiten.

Festung gilt als letzte Widerstandsinsel der Katharer und fiel im Jahre 1255. Gut 20 Minuten dauert es schon, die Burg, die wie ein Adlerhorst in den Felsen hängt, zu erklimmen. Aber der wundervolle Blick auf die Pyrenäen und über die Corbières entschädigt für die Mühe.
81 km von Carcassonne

HOTELS/ANDERE UNTERKÜNFTE

Auberge de Vigneron
Kleines Logis-de-France-Hotel mit gutem Restaurant.
2, rue Achille Mir; Tel. 04 68 45 03 00;
E-Mail: auberge.vigneron@ataraxie.fr;
6 Zimmer ●● CREDIT

Espéraza

S. 118, B 14

2250 Einwohner

Das **Dinosaurier-Museum** in Espéraza, 15 km südlich von Limoux an der D 118, zeigt eine bemerkenswerte Ausstellung: Modelle der Urtiere in ihrer natürlichen Umgebung. Schließlich bevölkerten die riesigen Echsen vor 70 Millionen Jahren das Aude-Tal. Die Skelette in natürlicher Größe sind bis zu 11 m hoch. Ein Videofilm und ein Diorama vervollständigen die Informationen über die Urzeitmonster.
Av. de la Gare; tgl. 9–12 und 14–18,
Juli/Aug. 10–19 Uhr
38 km von Carcassonne

Montagne Noire

S. 114, A/B 7

Die Ausläufer des Zentralmassivs begleiten den Canal du Midi, und wer Carcassonne in Richtung Toulouse bzw. Castelnaudary verlässt und sich etwa 10 km hinter der Stadt von der N 113 in Richtung Montolieu wendet, befindet sich schnell in den unglaublich grünen »Schwarzen Bergen«. Jeder Tiefausläufer, der die Pyrenäen überwunden hat, regnet hier ab. Wer in dem Städtchen **Saissac** zwischen verfallenen Schlossmauern und verlassenen Häusern herumklettert, hört an jeder Ecke Wasser plätschern und nimmt überall Pflanzenpracht in voller Blüte wahr. Im Mittelalter gewährten die engen, dicht bewachsenen Täler den Katharern Schutz vor den päpstlichen Kreuzzugstruppen.

1210 m hoch ist der **Pic de Nore**. Von hier strömten die Bäche herab, mit denen der Erbauer Pierre-Paul Riquet den Canal du Midi speiste.
20 km von Carcassonne

Montolieu

S. 114, A 8

850 Einwohner

Der Buchbinder Michel Braibant beschloss 1989, aus dem verschlafenen Tuchmacherstädtchen ein Dorf der Bücher zu machen. Mit einem Buchmarkt begann es, und jetzt scheint Montolieu auf dem besten Wege, das vierte europäische **Bücherdorf** zu werden. An jedem dritten Sonntag im Monat ist Markt und im August Buchmarkt in allen Straßen.

Eine Besichtigung wert ist die nahe gelegene **Papiermühle**. Man kann hier an einem der gut besuchten Kurse des typografischen Ateliers teilnehmen, auf handgeschöpftem Papier Kalligrafie und Typografie üben oder Buchbinden, Gravieren und die Papierherstellung erlernen.
Conservatoire des Arts et Métiers
du Livre, Rue de la Mairie;
Tel. 04 68 24 80 04; E-Mail:
villagedulivre@montagnenoire.com
17 km von Carcassonne

MUSEUM

Musée Michel Braibant
Von den Anfängen der Schrift bis zur Druckkunst und der Entwicklung der Illustration erfährt man hier alles, was für eine Buchstadt wichtig ist. Auch, wie alles, was gestern gedruckt worden ist, entstand.
Rue de la Mairie; jeden Tag des Jahres
geöffnet – nur montags nicht

Narbonne und Umgebung

Rund um die einst glanzvolle alte Römerstadt warten Seen, kulinarische Freuden und wilde Tiere.

Die lebhafte Place de l'Hôtel de Ville im Herzen von Narbonne. Zu Zeiten der Römer lag die Stadt noch am Meer.

Narbonne S. 115, D/E 8

46 600 Einwohner

Stadtplan → S. 77

Die Stadt hat schon bessere Zeiten gesehen. Heute ist sie zwar die an Einwohnerzahl größte des verhältnismäßig armen Départements Aude, doch von der prunkvollen Hauptstadt der römischen Provinz Gallia Narbonensis blieben nur Trümmer erhalten. Araber und Burgunder, Westgoten und Karolinger bemächtigten sich nacheinander der Hafenstadt, nachdem die Römer sie verlassen hatten. Der Hafen ist längst versandet, an ihn erinnert der hübsche Ort **Bages**. Am begrünten **Canal de la Robine**, der das Mittelmeer mit dem Canal du Midi verbindet und die Innenstadt durchquert, lagern die Hausboote der Flussreisenden und promenieren Einwohner wie Feriengäste. Die Sehenswürdigkeiten befinden sich am Nordufer. Von der **Place de l'Hôtel de Ville** gelangt man über die **Rue Droite** in die alten Viertel, die früher auch Könige gesehen haben.

Hotels/andere Unterkünfte

La Dorade S. 77, b 1

Einst vornehmes Haus im historischen Viertel über dem Kanal und 1648 als erste Herberge des Ortes gegründet. Zu seinen namhaften Besuchern gehörten Louis Bonaparte (der Bruder Napoleons), Könige aus Spanien und Holland sowie einige Prinzen. Die Unterkunft ist entsprechend geräumig, komfortabel und bröcklig-charmant.

22, rue Jean Jaurès; Tel. 04 68 32 65 95, Fax 04 68 65 81 62; 31 Zimmer

●● AmEx VISA

Résidence S. 77, b 1

Hier haben sich Georges Brassens und Jean Marais, Louis de Funès und Michel Serrault eingetragen, und nach wie vor birgt das Gebäude aus dem 19. Jh. ein gutes Hotel.

6, rue 1er Mai; Tel. 04 68 32 19 41, Fax 04 68 65 51 82; 25 Zimmer ●● CREDIT

Sehenswertes

Cathédrale Saint-Just S. 77, c 1/2

Kaum eine gotische Kathedrale Frankreichs ist höher. Mit den angrenzenden sakralen Bauwerken nimmt die Kirche fast ein ganzes Viertel ein. Im 13. Jh. begonnen, blieb sie, abgesehen vom Kreuzgang, unvollendet. Im 14. Jh. konzentrierte man sich auf den Ausbau der Befestigung. Mauern und Türme verfielen, und das Geld zum Weiterbau ging aus. Im Inneren birgt die Kathedrale kostbare Kapellenfenster aus dem 14. Jh., eine Marmorstatue aus dem 15. Jh. und ein bemaltes **Kardinalsgrab** aus dem 14. Jh. Ein flämischer Wandbehang aus Gold und Seide, gegen Ende des 15. Jh. gefertigt, stellt die »Schöpfung« dar.

Place de l'Hôtel de Ville

Horreum S. 77, c 1

Es bedarf einiger Fantasie, sich die engen Kellergewölbe als erhaltenswertes römisches Relikt vorzustellen. Seine Bedeutung wurde erst in diesem Jahrhundert erkannt und ist noch nicht vollständig erforscht. Offensichtlich befand sich dieses römische Vorratslager unterhalb eines großen Marktplatzes.

7, rue de Lisle; tgl. 9.30–12.15 und 14–18 Uhr, Okt.–März 10–12 und 14–17 Uhr, Mo geschl.

Palais des Archevêques S. 77, b/c 2

Ein Garten trennt die beiden Gebäude des Bischofspalastes, wovon das eine aus dem 12. Jh. stammt und das andere aus dem 14. Jh. Letzteres beherbergt das archäologische und das kunsthistorische Museum. Im ersteren werden vor- und frühgeschichtliche Funde und solche aus der Römerzeit gezeigt, darunter ein Meilenstein der Via Domitia. Neben Skulpturen und Keramik sind im kunsthistorischen Museum Gemälde aus dem 16. bis 20. Jh. ausgestellt.

Place de l'Hôtel de Ville; tgl. 9.30–12.15 und 14–18 Uhr, im Winter Mo geschl.

Essen und Trinken

Table St-Crescent → S. 77, südl. a 3
Das renommierte Restaurant am Stadtrand liegt im Palais du Vin, und wer den kennt, weiß, dass das ein gutes Omen ist. Auch die Terrasse liegt am Weinberg, so dass zur exzellenten Küche der passende Tropfen (Minervois, Corbières) nicht fehlt.
Route de Perpignan, Palais du Vin; Tel. 04 68 41 37 37; Sa mittags, So abends und Mo geschl. ●●● bis ●●●●

Service

Auskunft

Office du Tourisme → S. 77, c 1
Place R. Salengro, 11100 Narbonne; Tel. 04 68 65 15 60, Fax 04 68 65 59 12; www.mairie-narbonne.fr

Ziele in der Umgebung

Abbaye de Fontfroide

→ S. 119, E 13

Eine der besterhaltenen Klosteranlagen im Süden Frankreichs. Seit 1908 befindet sich das im 10. Jh. von Zisterziensermönchen errichtete Bauwerk in Privatbesitz. Das Kloster mit dem wunderschönen Kreuzgang ist zugänglich, jedoch nur mit einer Führung zu besichtigen. Es liegt ganz einsam in einer Senke in den Corbières.
Juli/Aug. 9.30–18, Sept.–Juni 10–12 und 14–16 Uhr, nur mit ca. einstündiger Führung; Eintritt 7 €
15 km von Narbonne

Erinnerungen an die römische Vergangenheit von Narbonne findet man am Nordufer des Canal du Midi.

Essen und Trinken

Les Cuisiniers Vignerons
Die Schäferei der alten Zisterzienserabtei ist geschmackvoll restauriert worden, und jetzt gibt es dort in einem eleganten Saal unter gekreuzten Spitzbögen eine wohlschmeckende provenzalisch inspirierte Küche.
Tel. 04 68 41 86 06; nur mittags
●● MASTER

Bages

→ S. 119, F 13

2700 Einwohner

Der hübsche Ort, ein Geheimtipp für Feinschmecker, liegt oberhalb eines der schönsten Binnenseen an der Küste, dem Etang de Bages. Was an dem kleinen Fischereihafen angelandet wird, lässt sich in einem der dortigen Restaurants ganz frisch verspeisen. Neben **La Table du Pêcheur** lockt noch das mit einer Gault-Millau-Kochmütze dekorierte Restaurant **Le Portanel**.
8 km von Narbonne

Essen und Trinken

Le Portanel
Mit Blick auf den See. Rechtzeitige Tischbestellung, besonders am Wochenende, dringend empfohlen.
Passage Portanel; Tel. 04 68 42 81 66; Juli, Aug. Mo und Di mittags, Sept.–Juni So abends geschl. ●●●

Gruissan

→ S. 119, F 13

2200 Einwohner

Südlich von Narbonne-Plage mit seinem Sand und Wind sowie diversen

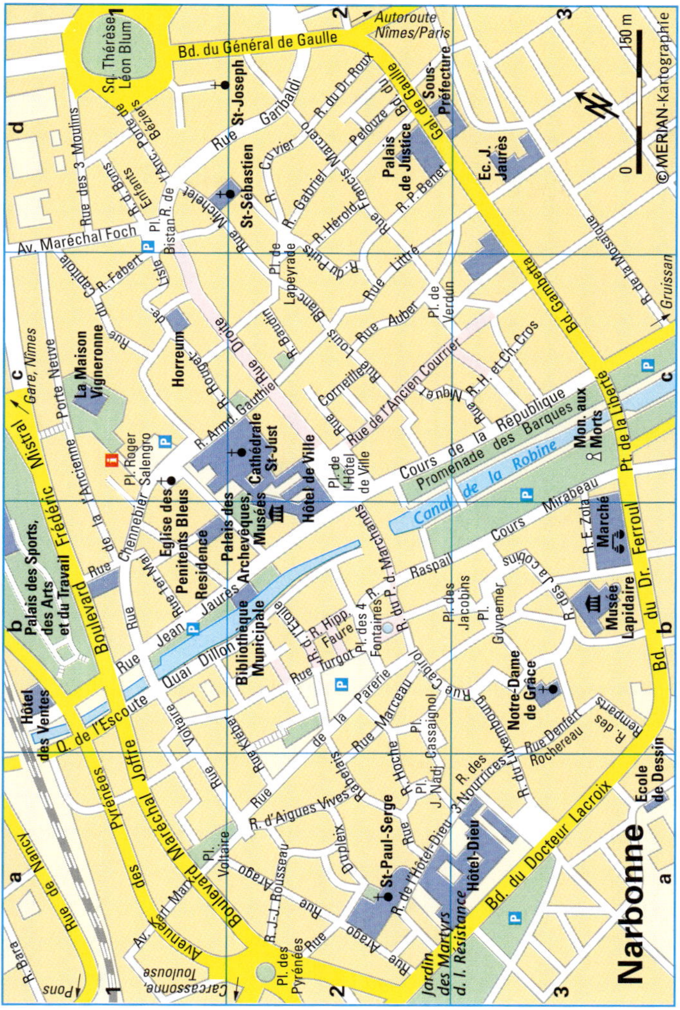

Möglichkeiten zum Golfen, Tauchen, Angeln und Segeln liegt ein hübsches, in konzentrischen Kreisen gebautes Fischerdorf. Noch hat das Örtchen mit den über 1000 Stelzenhäuschen, die von rosafarbenen Flamingos auf den umliegenden »étangs« umringt werden, seine ursprüngliche Atmosphäre bewahrt. Allmählich macht sich jedoch neben den so genannten »maisons sur pilotis« die supermoderne Marina, wie man hier die Vergnügungsindustrie am Meer nennt, vor den verblüfften Vögeln breit. Genannt wird das Ganze Gruissan-Plage. Es sei daran erinnert, dass »plage« nur Strand heißt.

15 km von Narbonne

Der 41 Meter hohe Innenraum der gotischen Cathédrale Saint-Just in Narbonne.

SEHENSWERTES

Tour Barberousse

Vom Ortszentrum aus führt eine Treppe hinauf zur Ruine eines mittelalterlichen Schlosses. Von oben hat man einen wunderbaren Blick über die Binnenseen, die Corbières und das Massif de Clape sowie über den konzentrisch errichteten Ort.

SERVICE

Auskunft

Office du Tourisme

1, bd. du Pech-Maynaud, 11430 Gruissan; Tel. 04 68 49 09 00, Fax 04 68 49 33 12; www.ville-gruisssan.fr

Minerve

→ S. 114, C 7

110 Einwohner

Minerve wurde 1210 nach wochenlanger Belagerung von den von Simon de Montfort angeführten Kreuzfahrern erobert. Der Großteil der Bevölkerung, der sich weigerte, zum Katholizismus überzutreten, musste danach auf Scheiterhaufen in einem ausgetrockneten Flussbett sein Leben lassen. Es blieb erhalten, was die Kreuzzüge übrig gelassen haben. Der Reiz des mittelalterlichen Städtchens hat sich herumgesprochen. Man parkt am Ortseingang und geht zu Fuß.

32 km von Narbonne

MERIAN-Tipp

7 Musée Hurepel

In einem der ältesten Häuser Minerves, in der Rue des Martyrs, ist die Geschichte der okzitanischen Katharer mit Tonfiguren szenisch dargestellt. Man sieht die Burgen, die man vielleicht schon besucht hat, die Schrecken der Kreuzzüge, in denen die Katholiken die Katharer verfolgten, und der Letzte, Bélibaste, verliert sein Leben auf dem Scheiterhaufen. Der Begleittext (auch auf Deutsch) ist so locker und verständlich, dass auch Kinder dieses Stück Geschichte neugierig und gespannt verfolgen.

Tgl. 11–19 Uhr; Eintritt 2 €

→ S. 114, C 7

ESSEN UND TRINKEN

Chantovent

Traumlage: Mitten im Ort sitzt man über der weiten Landschaft und genießt reichliche Portionen guter ländlicher Küche. Auch einfache Zimmer.

Tel. 04 68 91 14 18; So abend und Mo geschl. ●● MASTER

La Réserve Africaine de Sigean

→ S. 119, E/F 13

Auf 200 ha Garrigue und »étangs« leben in diesem afrikanisch anmutenden Gebiet mehr als 1200 Vögel, 300 Säugetier- und 150 Reptilienarten in ungewöhnlicher Freiheit. Viele von ihnen sind vom Aussterben bedroht.

Tgl. 9–20 Uhr, Kassenschluss 19.30 Uhr; Eintritt 16 €

16 km von Narbonne

Perpignan mit Umland und Küste

Katalanisches Flair und Klassiker der modernen Kunst – und für Badefreuden ist auch gesorgt.

Von der Festung Le Castillet überblickt man ganz Perpignan, Frankreichs südlichste – und heißeste – Großstadt.

Perpignan

S. 119, E 15

163 000 Einwohner

Stadtplan → S. 83

Wenn die Luft in den engen Gassen glüht, dann ist es Sommer in Frankreichs heißester Stadt und höchste Zeit, an die **Côte Vermeille**, die rostrot schimmernde Küste mit grünen Rebhängen über einem unglaublich blauen Meer zu flüchten. Oder in die Berge im Norden, wo sogar im Juli und August Wanderer über die Hochplateaus und durch grüne Täler ziehen, weil es sich hier gut aushalten lässt. Dann atmet Perpignan erst am Abend auf, und auf der **Place de la Loge**, wo sich am Donnerstagabend Einheimische und Touristen von Juni bis September als Zuschauer bei dem traditionellen katalanischen Tanz Sardana treffen, schmeckt wieder ein leichter Landwein.

Erst seit 350 Jahren gehört das Roussillon, das bis zu den Pyrenäen und Andorra reicht (verwaltungstechnisch P.O. bzw. Pyrénées-Orientales genannt), mit Perpignan als Verwaltungssitz zu Frankreich. Ein Drittel aller Einwohner des Roussillon lebt in Perpignan, das im 13. Jh. zweite Hauptstadt Mallorcas war. Das hatte nur praktische Gründe: König Jakob II. hatte die Balearen und die östlich der Pyrenäen gelegenen katalanischen Besitzungen als Königreich Mallorca geerbt. Vom fernen Palma aus ließ es sich schlecht regieren, also musste eine Zweithauptstadt her. Kirchen und ein Palast blieben aus der 68 Jahre kurzen Regierungszeit der Könige von Mallorca. Doch noch mehr Spanisches, besser Katalanisches, ist erhalten geblieben: in der Sprache, die anders klingt, in der einfachen Bauweise vieler umliegender Dörfer und natürlich in der Tradition.

Nordafrikanische, spanische und portugiesische Einwanderer bestimmen das Straßenbild der lebhaften Stadt, in deren Zentrum Park- und Kaufhäuser dominieren. Doch schon nach wenigen Schritten verliert sich der Trubel, und man betritt eine gegensätzliche Welt und ahnt, dass soziale Probleme auch hier eine Rolle spielen, die man bei einem flüchtigen Besuch kaum wahrnimmt.

Hotels/andere Unterkünfte

Park Hôtel S. 83, südöstl. c 1

An der Tangente, die an der Altstadt vorbeiführt, liegt dieses gute Drei-Sterne-Hotel – allerdings mit langweilig moderner Fassade. Eines der besten und teuersten Restaurants der Stadt, **Chapon Fin**, gehört dazu.

18, bd. Jean Bourrat;
Tel. 04 68 35 14 14, Fax 04 68 35 48 18;
www.parkhotel-fr.com; 67 Zimmer ●●●
CREDIT

La Cigale S. 83, nordöstl. c 1

Das kleine Hotel neben dem historischen Viertel Saint-Jacques ist äußerlich unauffällig, aber hinter den Mauern verbirgt sich eine hübsche grüne Insel. Alle Zimmer sind renoviert. Das Restaurant mit seiner Spezialität »brochette« ist in der ganzen Stadt bekannt.

78, bd. Jean Bourrat; Tel. 04 68 50 20 14,
Fax 04 68 66 90 40; 14 Zimmer ●● MASTER

New Christina S. 83, nordöstl. c 1

Blick auf den schönen Stadtpark in hellen ruhigen Zimmern. Die Überraschung: ein kleines Schwimmbad auf dem Dach. Hammam und Bar ergänzen das Angebot.

50, cours Lassus; Tel. 04 68 35 12 21,
Fax 04 68 35 67 01;
www.hotel-newchristina.com;
25 Zimmer ●● MASTER

Sehenswertes

Cathédrale St-Jean S. 83, c 1

Vom 15. bis zum 17. Jh. entstand das Kirchenschiff von 48 m Länge in mehreren Bauetappen und damit einer der schönsten gotischen Kircheninnenräume im Süden Frankreichs. In einer Seitenkapelle rechts hinter einer

Ledertür, in der **Chapelle du Dévot-Christ**, bewahrt man einen besonderen Schatz auf. Das geradezu expressionistisch gearbeitete Kruzifix aus dem 14. Jh. stammt angeblich aus der Werkstatt eines rheinländischen Künstlers. Es wird anlässlich der Karfreitagsprozessionen durch die Straßen getragen. Nach einer Legende unbekannten Ursprungs neigt sich der Kopf des Schmerzensmannes jedes Jahr ein Stück mehr dem Körper zu. Wenn er ihn berührt, soll angeblich die Welt untergehen. Der Friedhof im Süden der Kathedrale ist einer der ältesten mittelalterlichen Frankreichs (Sommer geschl.).

Place Gambetta; tgl. 7.30–12 und 15–19 Uhr

Palais des Rois de Majorque

S. 83, südl. a 4

Der Palast der Könige von Mallorca, im 13. und 14. Jh. errichtet und älteste Königsresidenz Frankreichs, zeigt vor allem im Ehrenhof noch Reste des vergangenen Reichtums wie monumentale Treppen, prächtige doppelstöckige Arkaden oder Rundbögen aus blauem Marmor.

Am schönsten ist der Ostflügel. In den königlichen Gemächern im ersten Stock spürt man jedoch nichts mehr vom früheren Glanz. Erhalten geblieben ist aus den alten Tagen nur mehr ein Kamin.

Rue des Archers; Sommer tgl. 10–18, Winter 9–17 Uhr; Eintritt 4 €

MERIAN-Tipp

8 Nordafrikanischer Basar in Perpignan

Rund um die Place du Puig und die Place Cassanyes werden am Samstag- und Sonntagvormittag die Straßen zum nordafrikanischen Basar. Man kann zwischen bunten Stoffen und hübschen Stickereien wählen, in exotischem Gemüse schwelgen oder Schnitzereien bewundern. Das Angebot ist unbeschreiblich. Danach nimmt man im Café Tanger oder im Café Agadir einen Pfefferminztee und sieht gemütlich dem Trubel zu.

S. 83, südöstl. c 2

Place de la Loge

S. 83, b 1

Hier schlägt das Herz der Altstadt, und hier trifft man sich nach dem Einkaufen. Nur durch einen schmalen Gang getrennt, sitzen auf der einen Seite die Freunde der Schnellverpflegung und gegenüber die anderen, die im Café den Blick auf die Loge de Mer mitbezahlen. 1388 wurde an dieser Stelle das **Consulat de Mer**, eine Art Handelskammer, gegründet und zog mit Börse und Gericht ein. Heute ist im ehemaligen Untergeschoss ein Restaurant untergebracht. Gleich nebenan steht das Rathaus aus dem 14. Jh. Den Innenhof regiert **La Méditerranée**, ein Hauptwerk des aus Banyuls-sur-Mer (→ S. 85) stammenden Bildhauers Aristide Maillol. Der **Palais de la Députation**, ehemaliger Sitz der Provinzabgeordneten, ebenfalls aus dem 14. Jh., fällt durch katalanische Gestaltungselemente und durch das bemerkenswerte Portal auf.

MUSEEN

Le Castillet und Casa Païral

S. 83, b 1

Die Festung aus dem 14. Jh., die im Auftrag der Aragonesen als Schutz gegen die Franzosen erbaut wurde, ist zugleich das Tor zur Altstadt von Perpignan. Unter Ludwig XIV. diente es mit seinen dicken, unüberwindbaren Mauern als Gefängnis.

Heute können hier im **Musée Catalan des Arts et Traditions Populaires** auf mehreren Etagen katalanisches Brauchtum besichtigt werden sowie Möbel, Stoffe und Skulpturen. Der Gang hinauf ins oberste Stockwerk lohnt wegen des herrlichen Blickes über Stadt und Land.

Place de Verdun; Mai–Sept. Mi–Mo 10–19, So bis 18, sonst 11–17.30 Uhr

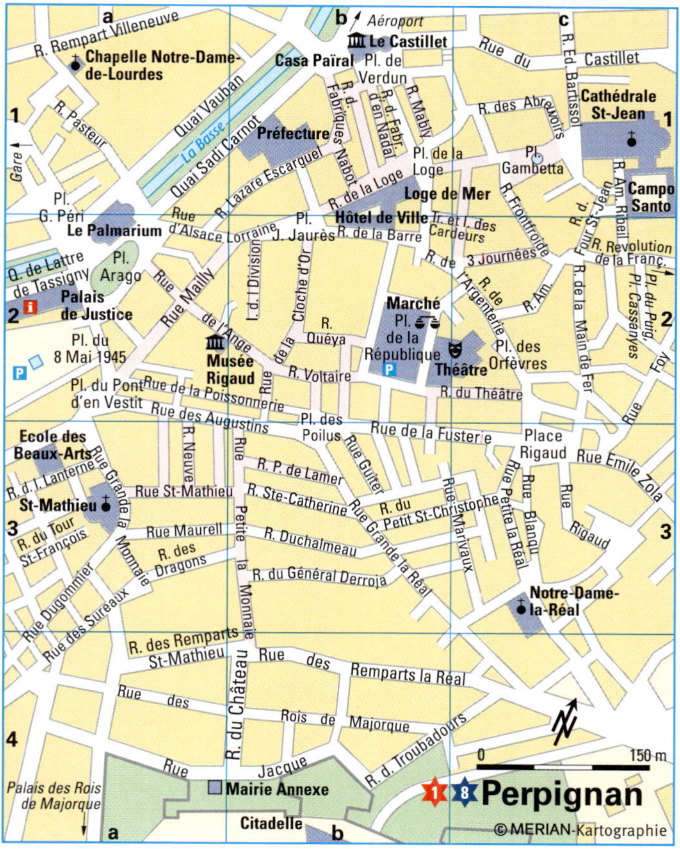

Essen und Trinken

La Casa Sansa ⇢ S. 83, b 1

Eine Institution seit Jahren, durch und durch katalanisch. Der große Saal mit Stierkampfplakaten an den Wänden ist meist überfüllt von Studenten, Intellektuellen und solchen, die sich dafür halten. Man isst »escalivade« (im Backofen zubereitetes Gemüse), »morue catalane« (Stockfisch) oder »pollastre amb gambas« (Huhn und Gambas in Weinsauce). An manchen Abenden Livemusik.

3, rue des Fabriques d'en Nadal, nahe Castillet; Tel. 04 68 34 21 84; So und Mo mittags geschl. ●●

Opéra Bouffe ⇢ S. 83, b 2

Elegantes Ambiente und erlesene Speisekarte: katalanische Platten, gegrillter Fisch und zum Dessert »mel i matò«, Schafskäse mit Honig. Mit Terrasse. Bis 22.30 Uhr wird serviert!

Impasse de la Division, zwischen Place de la Loge und Place Arago; Tel. 04 68 34 83 83; So, Mo mittags und im Feb. geschl. ●● AmEx MASTER

Des Expéditeurs

⇢ S. 83, nordwestl. b 1

Spezialitäten des Hauses sind »tête de veau« (Kalbskopf) und »tripes catalanes« (Innereien). Wem das nicht

Der idyllisch gelegene Markt in Perpignans Altstadt lädt zum Bummeln ein.

behagen sollte, dem bleibt die Auswahl zwischen verschiedenen preiswerten Mittags- und Abendmenüs. Freitags wird Bouillabaisse und mittwochs Paella serviert.

19, av. du Général Leclerc, nahe Castillet; Tel. 04 68 35 15 80; Sa abends, So und an Feiertagen geschl. ●

Am Abend

Dancing ABC

⇢ S. 83, südwestl. a 4

Wer hier hingeht, sucht keinen Nachtclub, sondern will wirklich tanzen. Nicht dass man sich nicht auch amüsiert, aber es kommt auf den richtigen Tanz, den präzisen Schritt an. So trifft man hier auf leidenschaftliche Tango-, Walzer- und Paso-doble-Tänzer.

85, route de Thuir; Tel. 04 68 81 17 16; Fr, Sa ab 22 Uhr, So und Feiertage Tanztee am Nachmittag

Le Républic Café ⇢ S. 83, b 2

Treffpunkt der Jugendlichen – außer im Hochsommer, wenn sie sich in Canet-Plage verabreden. Zwei Bars, Billard, Musik und Modeschauen.

2, place de la République; Tel. 04 68 51 11 64; 17–2 Uhr, Sommer 15–23 Uhr

Service

Auskunft

Office du Tourisme et des Congrès

⇢ S. 83, nordöstl. c 1

Place Armand Lanoux, im Palais des Congrès, 66002 Perpignan; Tel. 04 68 66 30 30, Fax 04 68 66 30 26; www.perpignantourisme.com

Fahrradverleih

Cycles Mercier ⇢ S. 83, westl. a 3

1, rue du Président Doumer; Tel. 04 68 85 02 71

Le P'tit Bus

Ein kleiner Bus rollt den ganzen Tag durch die Geschäftsstraßen. Das kostet nichts. Er hält überall, wenn man dem Fahrer ein Zeichen gibt.

Veranstaltungen

Die Karfreitagsprozession gehört zu den wichtigsten Ereignissen in der Stadt der Katalanen. Ebenfalls in der Karwoche findet das Festival de Musique Sacrée statt. Bei den Estivales im Juli werden Musik und Tanz geboten (www.Estivales.com), Jazzèbre heißt das Jazzfest im Oktober (www.jazzebre.com).

Les Vignerons Catalans

⇢ S. 83, südwestl. a 4

Die berühmtesten Winzer des Roussillon haben sich zu den Vignerons Catalans zusammengeschlossen. Hier kann man die besten Tropfen entdecken.

1870, avenue Julien Panchot; Tel. 04 68 85 04 51

Ziele in der Umgebung

Amélie-les-Bains

3200 Einwohner ⇢ S. 119, D 16

Schon bevor die Römer hier Thermen bauten, sollen die Menschen der Urzeit die Schwefelquellen genutzt haben. Die heutigen Kureinrichtungen in einem der ersten Thermalbäder Frankreichs für Asthma- und Rheumakranke sind jedoch nicht mehr so attraktiv. Eine Pause wert ist das Rentnerstädtchen jedoch wegen seiner gut erhaltenen mittelalterlichen Burg im Ortsteil Palalda. Wanderer machen die schöne, knapp dreistündige Tour von den Gorges du Mondony oberhalb von Amélie-les-Bains über den Fernwanderweg (GR 10) Richtung Spanien zum 1450 m hohen Roc de France.

40 km von Perpignan

Banyuls-sur-Mer

4500 Einwohner → S. 119, F 16

Ein gerühmter Dessertwein trägt diesen Namen. Der hübsche kleine Badeort mit Yachthafen ist Heimat des bedeutenden Bildhauers Aristide Maillol, der 1861 hier geboren und 1944 im Garten seines Bauernhauses **Mas Maillol** begraben wurde. Dieses 4 km südwestlich im Roume-Tal gelegene Anwesen ist zum **Musée d'Aristide Maillol** hergerichtet und zeigt Skulpturen, Skizzen und Gemälde (Route de Mas; tgl. 10–12 und 16–19, im Winter 14–17 Uhr). Im Aquarium des ozeanografischen Instituts, einer der wichtigsten meeresbiologischen Einrichtungen Frankreichs, kann man Meeresbewohner beobachten.

Plage du Fontaulé; tgl. 9–12 und 14–18, im Sommer bis 22 Uhr; Eintritt 4 €

37 km von Perpignan

Sehenswertes

Küstenstraße

Von Banyuls nach Cerbère an der spanischen Grenze führt eine einzigartig schöne Küstenstraße. Am
9 Aussichtspunkt **Cap Réderis** kann man sich an einer Orientierungstafel informieren: Im Norden blickt man über die Küste von Roussillon bis zu den Cevennen und im Süden bis zur Costa Brava. Himmel und Wasser scheinen zwischen Rebhängen und Pyrenäengipfeln zu verschmelzen.

Service

Auskunft

Office du Tourisme

Avenue de la République, 66650 Banyuls-sur-Mer; Tel. 04 68 88 31 58, Fax 04 68 88 36 84; www.banyuls-sur-mer.com

Canigou

→ S. 118, C 16

Da hatte man ihn jahrhundertelang gefeiert, weil man ihn für den Größten hielt – und er war es gar nicht, denn die höchste Erhebung in den Pyrenäen ist der in Spanien liegende Pico de Aneto mit 3404 m.

Auf dem (nur) 2784 m hohen Canigou entzünden französische und spanische Katalanen jedes Jahr in der Nacht zum 24. Juni pünktlich um 22 Uhr auf dem Gipfel das Johannisfeuer. Viele Legenden ranken sich um diesen Berg, den vermutlich Peter III. von Aragón als Erster bestiegen hat. Tausende folgten dem königlichen Wanderer mit dem Fahrrad, zu Pferd und zu Fuß.

Zufahrt: von Prades über die D 24 über Villerach bis zum Ras dels Cortalets, nur im Sommer bei trockener Strecke oder mit Geländewagen, 25 km, ca. 2 Stunden. Von Vernet-les-Bains über Fillols nur für erfahrene Fahrer mit Geländewagen möglich.

Wanderer (Juni–Sept.) gehen vom Chalet des Cortalets den GR 10 bis zum Pic Joffre (2362 m) und biegen links den steilen Weg (gelb markiert) zum Gipfel des Canigou ab, den sie nach ca. 2 Stunden erreichen.

46 km von Perpignan

La Cerdagne

→ S. 118, A 16

Dieses Hochtal bietet ein einzigartiges Panorama unter den Pyrenäen-

gipfeln mit Almen und weiten Wäldern, in denen Füchse, Schneehühner und Auerhähne leben. Es zieht Wanderer und Skiläufer an. In der Cerdagne liegt auch das von Ludwig XIV. als Garnison erbaute **Mont-Louis**, mit 1600 m die höchstgelegene Stadt Frankreichs. 1953 entstand hier der erste Sonnenofen.
81 km von Perpignan

Céret

S. 119, D 16

7300 Einwohner

Illustre Namen sind mit diesem hübschen, lebhaften Städtchen, das nur 20 km von der spanischen Grenze entfernt liegt, verbunden: Braque, Juan Gris, Cocteau, Matisse, Chagall, Dufy, Soutine. Picasso versammelte all diese Künstler hier, im Mekka des Kubismus. Unglaublich, wie viele Platanen und Bistrostühle in der kleinen Altstadt Platz finden. Auf über 310 Sonnentage – die meisten sind von kühlendem Wind begleitet – freuen sich die Einwohner und darauf, dass hier Ende April/Anfang Mai die ersten Kirschen geerntet werden.
33 km von Perpignan

MERIAN-Tipp

9 Musée d'Art Moderne in Céret

Ein riesiges Museum in einer kleinen Stadt. Pierre Brune, in Céret ansässiger Maler, baute zu diesem Zweck 1948 ein altes Kloster nach den Plänen des Architekten Jaume Frexa aus Barcelona um. Es zu bestücken war mit Hilfe seiner Künstlerfreunde ganz einfach. Das größte Geschenk machte ihm **Picasso** 1953 mit 59 seiner Werke.

8, bd. du Maréchal Joffre; Mitte Juni–Mitte Sept. tgl. 10–19, sonst bis 18 Uhr, Di geschl.; Eintritt 5,50 €

Hotels/andere Unterkünfte

Le Mas Trilles
Ein riesiger, renovierter katalanischer Bauernhof aus dem 17. Jh. mit ganz unterschiedlichen, unglaublich luxuriös ausgestatteten Zimmern. Malerisch am Ufer eines Flusses in einem Park mit Schwimmbad gelegen.
Auf der D 115 3 km in Richtung Amélie-les-Bains, am Ortsende, Le Pont-de-Reynès; Tel. 04 68 87 38 37, Fax 04 68 87 42 62; 12 Zimmer ●●●● CREDIT

Vidal
Die ehemalige, zum Hotel umgestaltete Bischofsresidenz hat ihren merkwürdigen Charme erhalten.
4, place du 4 Septembre, im Zentrum; Tel. 04 68 87 00 85; 15. Okt.–15. Nov. geschl., lange Voranmeldung notwendig; 10 Zimmer ●● MASTER VISA

Camping à la Ferme/Mas d'en Mas
Unter Kirschbäumen findet man Platz für Zelte und Wohnwagen. Es gibt auch ein Schwimmbad. Wer möchte, kann eines der Gästezimmer ohne Frühstück beziehen.
An der D 115, von Perpignan aus 3 km vor der Abzweigung nach Céret gelegen; 66400 Saint-Jean-Pla-de-Corts; Tel. 04 68 83 46 01 ●

Sehenswertes

Pont du Diable
Lange Zeit war Céret nur über diesen geheimnisvollen Eingang zugänglich, den man von Perpignan aus erreicht. Ein einziger Bogen überspannt mit 45 m den Tech. Da das architektonische Rätsel nicht gelüftet werden konnte, war klar, dass der Teufel selbst die Brücke gebaut haben musste.

Einkaufen

Marché
Jeden Samstagvormittag findet in der Altstadt ein Markt mit großem Angebot an allen möglichen Erzeugnissen aus der Region statt.
Bd. du Maréchal Joffre

Der Pic du Canigou ist ein beliebtes Ausflugsziel von Naturfreunden.

SERVICE

Auskunft

Office du Tourisme

Av. Clemenceau, 66400 Céret;
Tel. 04 68 87 00 53, Fax 04 68 87 00 56;
www.ot-ceret.fr

Veranstaltungen

Festival de la Sardane

Katalanischer Tanz

Ende Juli

Collioure

→ S. 119, F 16

2800 Einwohner

Henri Matisse quartierte sich hier im Sommer 1905 unter dem blauen Himmel des Mittelmeeres ein. Ihm folgten André Derain und Maurice de Vlaminck. Auch Picasso arbeitete in Collioure. Ein Kritiker fühlte sich angesichts des hier entstandenen, eigenwilligen künstlerischen Schaffens an Wilde erinnert – »des fauves«. Heute bietet der Ort seinen Besuchern einen »chemin du fauvisme« in 20 Etappen an, wo Kunstwerke von Matisse und Derain zu bewundern sind.

Ihre Nachfolger ziehen heute jeden Morgen zu Dutzenden mit der Staffelei an die Uferpromenade und malen, was der Pinsel hält und in der Regel so, dass die Touristen nicht erschrecken, höchstens über die hohen Preise dieser Kunst.

Die Beschaulichkeit von vor kurzer Zeit ist verschwunden. Die Zahl der Unterkünfte und Restaurants und der Besucher hat in wenigen Jahren deutlich zugenommen, und doch lässt sich der alte Charme des Städtchens immer noch entdecken.

30 km von Perpignan

HOTELS/ANDERE UNTERKÜNFTE

Hostellerie des Templiers

Alle Maler haben hier gewohnt, beim Père Pous und seiner Frau Pauline, und er hat sich Unterkunft und Verpflegung gerne mit Kunstwerken bezahlen lassen. Mehr als 2000 sollen es sein – Matisse natürlich, Picasso, Dufy, Dalí, Maillol–, die jedes freie Stück Wand zieren, unmöglich nachzuzählen. Manches wertvolle Stück wurde gestohlen, vieles soll nur noch Reproduktion sein. Im Flur, im Restaurant und in den Hotelzimmern lebt der Gast immer noch wie auf einer Kunstinsel. Die Zimmer sind hübsch, ein bisschen laut vielleicht. Ohne Reservierung ist es aber fast aussichtslos, eines zu bekommen.

Port-Vendres ist einer der charakteristischen Fischerorte an der Côte Vermeille.

12, quai de l'Amirauté;
Tel. 04 68 98 31 10, Fax 04 68 98 01 24;
www.hotel-templiers.com; 20 Zimmer
●●● CREDIT

SEHENSWERTES

Château Royal des Templiers

Mehr als 700 Jahre alt ist der ehemalige Sitz der Könige von Mallorca und Aragón, den später der Templerorden bezog. Heute finden hier Ausstellungen mit Kunsthandwerk statt.
Sommer 10–18, Winter 9–17 Uhr

Notre-Dame-des-Anges

Der alte Leuchtturm wurde zum Glockenturm und ist das Wahrzeichen Collioures. Im Inneren der Kirche aus dem 17. Jh. kann man neun reich ausgestattete Altäre bewundern, ein grandioses Triptychon aus vergoldetem Holz und den Kirchenschatz in der Sakristei mit einem Prozessionskreuz aus dem 16. Jh.

Quartier du Mouré

Zwischen Schloss und Kirche, Küste und Quai de l'Amirauté liegt die Altstadt. Mit weißen Häusern und Balkons voller blühender Blumen mutet sie sehr spanisch an. Über die hübsche Rue Miradou gelangt man zur noch heute genutzten gleichnamigen Festung aus dem 17. Jh.

SERVICE

Auskunft

Office du Tourisme
Place du 18 Juin, 66190 Collioure;
Tel. 04 68 82 15 47, Fax 04 68 82 46 29;
www.collioure.com

Côte Vermeille

→ S. 119, F 15/16

Die **Côte Sablonneuse** mit ihrem etwa 30 km langen, feinkörnigen breiten Sandstreifen setzt die Reihe der schattenlosen Strände am nördlich gelegenen **Golfe du Lion** fort. In dem ehemaligen Sumpfgebiet zwischen Le Barcarès und Saint-Cyprien entstanden in den 60er-Jahren Ferienorte aus der Retorte.

Kurz hinter Racou-Plage unterbrechen Pyrenäenausläufer die 200 km lange und flache Mittelmeerküste. Die Strände werden schmal und grau.
28 km von Perpignan

Font-Romeu

→ S. 118, A 16

1850 Einwohner (mit Odeillo)

Skiurlauber geraten angesichts der noch unzerstörten Landschaft ins Schwärmen. Um den Wintersportort herum sind immerhin 32 Skilifte, 460 Schneekanonen, 40 Pisten und 52 km Skiabfahrten eingerichtet. Der Schönheit des Ortes hat die Hotel-Bauwut nicht gut getan.
91 km von Perpignan

SERVICE

Auskunft

Office du Tourisme
38, av. Emmanuel Brousse,
66120 Font-Romeu; Tel. 04 68 30 68 30,
Fax 04 68 30 29 70; www.fontromeu.com

Odeillo

→ S. 118, A 16

1850 Einwohner (mit Font-Romeu)

Seit 1969 werden hier mit einem 40 m hohen, beeindruckenden Parabolspiegel Sonnenstrahlen gebündelt: Das ist ein sehr schönes Fotomotiv, besonders wenn sich dunkle Wolken dem »four solaire« nähern. Man kann dieses strahlende Ungeheuer auch besichtigen (Juli/Aug. 10–19.30, Sept.–Juni 10–12.30 und 14–18 Uhr; Eintritt 5 €).

89 km von Perpignan

Prades

→ S. 118, C 15

6000 Einwohner

Eine stille Stadt – so lange, bis die Besucher der katalanischen Sommeruniversität in der zweiten Augusthälfte, des Cineastentreffens in der zweiten Julihälfte und des Pablo-Casals-Festivals von Ende Juli bis Mitte August zu tausenden aus allen Himmelsrichtungen in den Ort strömen. Auf der Flucht vor Franco hatte es den bekannten Cellisten und Menschenrechtskämpfer Casals hierher verschlagen. 1950 initiierte er das Musikfestival, zu dem jedes Jahr namhafte Solisten und Ensembles eintreffen. Die Konzerte finden in der 3 km entfernten **Abtei St-Michel-de-Cuxa** statt. Das **Musée Pau Casals** (tgl. 9–12 und 14–17 Uhr, Winter Mo–Fr) hält mit Fotos, Musikinstrumenten und Kleidungsstücken die Erinnerung an den 1973 verstorbenen Künstler wach.

46 km von Perpignan

Hotels/andere Unterkünfte

Les Glycines

Kleines, blumengeschmücktes Haus mit einfachen Zimmern in der Stadtmitte mit rustikalem Restaurant.

129, avenue du Général de Gaulle;
Tel. 04 68 96 51 65, Fax 04 68 96 45 57;
E-Mail: lesglycines2@wanadoo.fr;
19 Zimmer ● DINERS MASTER

Service

Auskunft

Office du Tourisme

4, rue des Marchands, 66500 Prades;
Tel. 04 68 05 41 02, Fax 04 68 05 21 79;
www.prades-tourisme.com

Salses

→ S. 119, E 14

2000 Einwohner

Nördlich von Perpignan liegt mit dem **Châteaufort de Salses** ein Meisterwerk militärischer Architektur. Bis 1659, als der Pyrenäenvertrag geschlossen wurde, verlief hier die spanische Grenze. Zusammen mit der Festung, die Ferdinand von Aragón 1497 errichten ließ, diente sie als Bollwerk gegen die Franzosen. Die am Fuße 15 m breiten Mauern erwiesen sich als uneinnehmbar und letztlich auch unzerstörbar.

Juli/Aug. tgl. 9.30–19, Juni, Sept. bis 18.30, April, Mai, Okt. 9.30–12.30 und 14–18, Nov.–März 10–12 und 14–17 Uhr
16 km von Perpignan

MERIAN-Tipp

10 Train Jaune

Nachdem viele Einwohner den Ort Villefranche-de-Conflent verlassen haben, erobern ihn nun die Anhänger des sanften Tourismus. Mehrmals täglich fährt von hier aus der Train Jaune, eine Schmalspurbahn, die 63 km lange Strecke nach Latour-de-Carol. Die Bahnfahrt geht zweieinhalb Stunden lang durch 19 Tunnel und über 20 Brücken. Seine kanariengelbe Farbe verlieh dem Zug seinen Namen. Wer an einer der 22 Haltestationen aussteigen möchte, muss dem Schaffner vorher Bescheid geben. Die Hin- und Rückfahrt kostet etwa 30 €.

Tel. 04 68 96 56 62;
www.traintouristiques-ter.com

→ S. 118, B 16

Routen und Touren

Die Franzosen sind zwar begeisterte Radsportanhänger, doch Fahrradwege gibt es nur selten.

Ob mit dem Fahrrad auf den schattigen Alleen, per Schlauchboot auf den Flüssen, oder einfach zu Fuß im Languedoc-Roussillon – die Region hat für jeden genug zu bieten.

Rund um Nîmes und durch die Kleine Camargue – Mittelalter und Mittelmeer

Charakteristik: genussreiche Autotour durch ein bis heute lebendiges Geschichtsbuch, im Sommer vom Zirpen der Grillen begleitet; **Länge:** ca. 150 km; **Dauer:** 1 Tag; **Einkehrmöglichkeiten:** in jedem Ort Cafés, Bars und Restaurants; **Karte:** → S. 117

Nîmes → Pont du Gard

Man verlässt Nîmes Richtung Norden – Uzès ist am großen Boulevard, der die Altstadt umgibt, zwischen Bahnhof und Kathedrale ausgeschildert. Man fährt durch die Garrigue, eine Heidelandschaft, in der es nach Thymian und Rosmarin duftet. Der mittelalterliche Ort **Uzès** scheint überhaupt nicht kleinstädtisch, lassen Sie ihn auf der Place aux Herbes auf sich wirken: Von schmucken Arkaden umsäumt, hinter denen sich Restaurants und Geschäfte verbergen, ist sie eine ideale Filmkulisse und war als solche unter anderem auch in »Cyrano de Bergerac« zu bewundern. Am Sonnabend ist hier Markt, auf dem sich die ganze Umgebung zu treffen scheint. Beim Bummel durch die Altstadt sieht man die Zeugen des einst wohlhabenden Textilzentrums: zahlreiche schöne Renaissance-Fassaden und idyllische Höfe.

Auf dem Weg zum **Pont du Gard** empfiehlt es sich, über **Remoulins** zu fahren. Einen Monat früher als anderswo gibt es hier schon die ersten Kirschen. Und man sieht auch gleich die Schokoladenseite des weltberühmten **Aquädukts**, den die Römer vor 2000 Jahren bauten, um mit einer technisch aufwendigen Wasserleitung das kostbare Nass von Uzès nach Nîmes zu bringen. Es gibt keine kostenlose Parkmöglichkeit, wenn man allerdings die wirklich interessanten Ausstellungen besuchen will, ist das Parken im Preis inbegriffen. Sehr zu empfehlen sind auch ein Picknick am Ufer des Gardon oder ein Bad in diesem bemerkenswert kühlen und klaren Fluss. Wer mit Kindern unterwegs ist, wird hier wohl die weitere Tagesplanung beenden.

4

Beaucaire → Aigues-Mortes

Auf der D 986 fahren Sie nach **Beaucaire**. Eine mächtige **Burg** an der Rhô-

Typisch: Von Platanen gesäumte Alleen sind im südlichen Frankreich keine Seltenheit.

ne, die früher das Flussufer gesichert hat, überragt die Stadt. Nach den Religionskriegen hat Ludwig XIII. sie 1632 schleifen lassen, geblieben sind einige Mauern und der Turm, von dem man über Stadt, Land und Fluss sehen kann. Im Sommer wird es im Park wieder mittelalterlich, dann werden nachmittags Raubvögel gezeigt. Gegenüber, auf der anderen Seite der Rhône, wacht die Burg von **Tarascon**.

Die Strecke nach Saint-Gilles über die D 38 ist nicht sehr abwechslungsreich, aber für alle, die ein bisschen kunsthistorisch interessiert sind, lohnt der Weg zu einem der wertvollsten romanischen Baudenkmäler Frankreichs. Als gesichert gilt, dass der Ort von Pilgern auf dem Jakobsweg nach Santiago de Compostela in Galicien zum Übernachten genutzt wurde. Es heißt aber auch, dass er wegen des in der Nähe lebenden Heiligen Gilles selbst Wallfahrtsort gewesen ist. Heute ist **Saint-Gilles** eine verschlafene Kleinstadt, von der im Mittelalter mächtigen Abtei steht nur noch die Kirche mit der reich geschmückten Westfassade aus dem 12. Jh. Bibelkundige werden keine Mühe haben, in Skulpturen und Reliefs Geschichten zu erkennen: gleich links neben dem Hauptportal sind Kain und Abel und der Brudermord dargestellt, über dem Portal Fußwaschung und Abendmahl, über dem rechten Portal die Kreuzigung.

Über die N 572 geht es weiter durch die Kleine Camargue Richtung Vauvert und **Aigues-Mortes**. Kaum weiße Pferde, rosa Flamingos oder wilde Stiere, die findet man eher in der provenzalischen Camargue südlich von Arles und um Saintes-Maries-de-la-Mer. Um Vauvert fährt man an Weinfeldern vorbei, als Costières de Nîmes werden diese Gewächse serviert. Und dann erhebt sich die Stadtmauer von Aigues-Mortes hoch und abweisend aus flachem Land. Ludwig der Heilige (der IX.) hatte im 13. Jh. hier einen Stützpunkt für seine Kreuzzüge ins Heilige Land geschaffen. Man parkt an der Stadtmauer und geht hinein. Der Markt in der Mitte ist von Cafés und Restaurants umrundet, Musiker spielen am Brunnen. Wer sich zur Besichtigung des knapp 40 m hohen Turmes (Tour de Constance) entschließt, der nicht nur für Hugenotten Gefängnis war, sollte nicht versäumen, das Städtchen auf dem Wehrgang zu umrunden: Man sieht die Salinen am Rhônekanal im Süden und bei klarem Himmel bis zu den Cevennen nach Norden. Wer genug gesehen hat, fährt kurz hinter Aimargues auf die N 113 zurück nach Nîmes. Aber 7 km weiter lockt das Mittelmeer in **Le Grau-du-Roi**.

Der Pont du Gard: ein Meisterwerk römischer Ingenieurskunst.

Durchs Katharerland – Bezaubernde Landschaft mit grausiger Vergangenheit

Charakteristik: schöne Autofahrt auf schmalen Straßen, daher für Wohnmobile nicht geeignet; wer die sehenswerten Burgen am Weg erklimmen will, sollte feste Schuhe dabeihaben; **Länge:** ca. 180 km; **Dauer:** mindestens 1 Tag; **Einkehrmöglichkeiten:** in Cucugnan und Duilhac-sous-Peyrepertuse; **Karte:** → S. 119

Ein Prunkstück der Militärarchitektur des späten 15. Jahrhunderts ist das Châteaufort de Salses.

Nördlich von Perpignan, an der ehemaligen spanischen Grenze, am **Châteaufort de Salses**, beginnt die Rundfahrt. 1497 hatten die Spanier diese Festung errichtet, weil sie die ewigen Grenzverletzungen der Franzosen leid waren. Das stolze Bauwerk lag zunächst am Meer. Schon hundert Jahre später allerdings stand die Burg auf trockenem Sand und war für die Franzosen leicht umgehbar. In der Höhle **Caune de l'Arago** wurde 1971 der älteste bis dahin bekannte Menschenschädel in Europa gefunden. In Tautavel kann man das 455 000 Jahre alte Fragment besichtigen.

Durch das Weinanbaugebiet des Fitou gelangt man auf der D 12 zu den Ruinen des **Château d'Aguilar**. In zehn Minuten ist man hinaufgeklettert und fühlt sich wie ein Adler. Heftig umkämpfte und kaum zugängliche Gebiete lagen auf dem Weg zur ehemaligen Grenzbastion **Château de Padern** und zum hübschen **Cucugnan** (D 14). Da sieht man schon eine weitere Burgruine, das **Château de Quéribus**. Der 728 m hoch gelegene Beobachtungsposten aus dem 11. Jh. ist schon mühsamer zu erklimmen.

Auf halber Strecke die schönste Burg

Die größte und abenteuerlichste Festung ist das **Château de Peyrepertuse**. Erst während der Französischen Revolution wurde die Befestigung gestürmt. Zuerst sieht man sie gar nicht, hält den Kalkstein für bizarr gewachsenen Fels und macht erst im Näherkommen eine Ruine aus. 8 Sie nimmt mit 300 m fast den ganzen Bergrücken ein. Vom Parkplatz in Duilhac muss man in einer guten Viertelstunde ein Wäldchen durchqueren, bevor man das Plateau erreicht – und zwei Festungen mit einer traumhaften Aussicht vorfindet. Durch die Gorges de Galamus verlässt man das Languedoc und kommt ins Roussillon. Eine bewirtschaftete Einsiedelei aus dem 15. Jh., die **Ermitage de St-Antoine**, ist über einige Stufen zu Fuß zu erreichen. Durch das Weinland fährt man weiter nach Estagel und von dort auf der D 117 zurück in Richtung Perpignan.

Am Ufer des Tarn – Auf Tuchfühlung mit den grandiosen Gorges

Charakteristik: abwechslungsreiche Tour für geübte Wanderer; einmalig, weil das Flussufer zum Teil nur zu Fuß erreichbar ist; **Länge:** 18 km; **Dauer:** 5 Stunden; **Einkehrmöglichkeiten:** keine, in Saint-Chély-du-Tarn kann man Getränke und Lebensmittel kaufen; **Karte:** → S. 112

Schmal, steinig, schön und einsam ist der Fußweg, der am Ufer des Tarn auf- und abwärts führt. Die **Gorges du Tarn** stellen eine der größten touristischen Attraktionen in der Gegend dar. Wer am Rand der Causses an dieser Schlucht entlangfährt, passiert Stellen mit wunderschönen Ausblicken. Wer ihr näher kommen will, ohne sich den im Sommer eher gemächlichen Fluss mit vielen anderen Kanu- oder Kajakfahrern zu teilen, wandert am Flussufer entlang. Der Rundwanderweg überwindet Höhenunterschiede von etwa 500 m, führt über den **Causse Méjean** und dann über gelegentlich abschüssige Pfade hinunter ins Tal. Der Causse Méjean ist ein immenses Kalkplateau, das bizarr geformte Felsen auf 120 km vom Rest des Départements abschneiden, eine Karstlandschaft mit unzähligen Höhlen und Grotten.

Ausgangspunkt ist **Saint-Chély-du-Tarn** auf der rechten, östlichen Seite des Flusses, 6 km südlich von **Sainte-Enimie**. Saint-Chély-du-Tarn, das sich an eine Biegung des Flusses wie in eine Nische schmiegt, ist ein Schmuckstück. Restaurierte Häuser, eine ländliche Kirche mit eckigem Glockenturm, ein kleines Gasthaus, Wasserfälle – die reinste Postkartenidylle. In einer alten Mühle gibt es sogar ein Andenkengeschäft, und Spaziergänger können eine bescheidene romanische Kapelle entdecken: eine versteckte Höhle im Felsen. Das Auto kann man in Saint-Chély-du-Tarn auf dem Parkplatz abstellen. Man durchquert den Ort aufwärts, kommt hinter dem Ortsausgang nach einer Kehrtwende gleich zu einer Gabelung und geht hier links. Nach einer weiteren Kehre steigt der Weg weiter an. Und schon kann man in die Schlucht und nach Saint-Chély hinuntersehen. Am **Col de Cauperlac** überschreitet man die Straße und befindet sich auf dem Causse Méjean.

Der Weg führt nun in Richtung **Mas-Saint-Chély** und etwa 100 m weiter nach rechts, wo es nach **Caussignac** geht. Über **Anilhac** wandert man hinunter zum Weiler Castellos mit seinen schönen Häusern und einer Burgruine, dann zum Weiler Haute-Rives. Es geht nun immer auf- und abwärts am Fluss entlang. Bei der Gabelung, an der die Wanderung begann, muss man sich nach links wenden und hat dann auch bald wieder **Saint-Chély-du-Tarn** erreicht.

Blick auf Montbrun, eines der schmucken Dörfer an den Gorges du Tarn.

10 Auf dem Canal du Midi – Beschauliches Schippern auf dem Hausboot

Charakteristik: bequeme Bootsfahrt, kein Führerschein erforderlich; Verpflegung mitnehmen oder in den Orten am Ufer einkaufen; **Länge:** ca. 120 km; **Dauer:** von Carcassonne bis Béziers eine Woche; **Einkehrmöglichkeiten:** in jedem Ort mit Hafen; **Karte:** → S. 114/115

Das Ergebnis einer Vision ist hier zu erleben und zu befahren: Pierre-Paul Riquet (1604–1680) wollte den Atlantik mit dem Mittelmeer verbinden, einen »canal de deux mers« bauen. Eine 240 km lange Wasserstraße von Toulouse nach Sète sollte den Seeweg durch die Straße von Gibraltar ersetzen. Ludwig XIV. sah die Gelegenheit, seinen Ruhm zu mehren, und so konnte das kühnste Projekt jener Zeit in Angriff genommen werden. Im April 1666 begann man mit dem Bau, 15 Jahre später wurde der Kanal eröffnet. Dem König hatte es zu lange gedauert, und teuer wurde es auch, so dass der unverdrossene Riquet sein Privatvermögen investieren musste. Er starb, hoch verschuldet, sieben Monate vor der Einweihung seines Werks. Der im Lauf der Jahrhunderte unbedeutend gewordene Kanal hat seine Renaissance erst vor gut 20 Jahren mit dem Tourismus erfahren.

»Pénichettes« nennt man die Hausboote, mit denen man in Frankreich ohne Bootsführerschein den Canal du Midi von **Carcassonne** bis zum **Mittelmeer** oder umgekehrt befahren darf (Abbiegen in den Hérault ist nicht gestattet). Erlaubte Geschwindigkeit: 6 km/h. Keine Welle soll die Uferböschung unterspülen. Zahlreiche Unternehmen bieten zwei- bis zehntägige Fahrten zwischen **Trèbes** nahe Carcassonne und **Marseillan** am Mittelmeer an. Die meisten Ansiedlungen, an denen man festmacht, sind ruhige Dörfer mit Märkten zum Einkaufen, oft preiswerten Gaststätten und Übernachtungsmöglichkeiten. Mückenschutz nicht vergessen!

So alt wie der Kanal sind die Platanen – 100 000 sollen es sein –, die über ihm zu einem Dach zusammenwachsen, das die Sonne filtert und unter dem die Mücken tanzen. Zu erwarten sind 64 Schleusen, 55 Aquädukte, sieben Kanalbrücken und 126 Bogenbrücken. Sie waren notwendig, um Höhenunterschiede auszugleichen oder Hindernisse zu überbrücken. Das größte Problem aber, das Riquet meisterte, war, den immer gleichen Wasserstand das ganze Jahr über zu gewährleisten. Kräftige Rösser zogen in früheren Zeiten schwer mit Weizen und Wein beladene Lastkähne den Kanal hinauf. Treideln nennt man das, und heute nutzen Radfahrer und Jogger die alten Treidelpfade. Riquet zapfte an der Wasserscheide zwischen Mittelmeer und Atlantik in der Montagne Noire eine Quelle an und ließ zwei Talsperren anlegen, in Saint-Ferréol und Lampy; dadurch stand immer ausreichend Wasser zur Verfügung. Kanalfahrer heute müssen sich nur an den Schleusen Gedanken machen. Oft warten jedoch Schleusenwärter auf die Boote. Wo dies nicht der Fall ist, erfährt die Bootsbesatzung schnell, dass das Kurbeln ganz schön in die Knochen geht. Die Frauen und Männer an den Schleusen verkaufen Proviant und manches Kunsthandwerk.

Trèbes → Homps

Gemächlich tuckert man von **Trèbes** in Richtung **Marseillan**. Das Auto steht auf einem bewachten Parkplatz, Fahrräder nimmt man mit. Dienstags und freitags lohnt es sich, hinter der Schleuse von **Aiguille** festzumachen und den Markt von **Puichéric** zu besuchen. **Homps** mit seinen vielen Bootsverleihern scheint mehr Hafen als Ort zu sein. Das dortige Restaurant **Les Tonneliers** ist beliebter Treffpunkt bei Kanalurlaubern.

Argens ···> Capestang

Hinter **Argens** wird es noch ruhiger. 54 km ohne Schleusen liegen in einer Bilderbuchlandschaft an den Weinbergen der **Corbières** und an Dörfern vorbei durch die **Garrigue.** Kein Trinkwasser gibt es in **Roubia,** weshalb man vorsorgen sollte. Danach erreicht man **Le Somail,** ein hübsches Fleckchen mit einem besonderen Antiquariat: Bei Le Trouve-Tout du Livre liegen etwa 30 000 Bücher wohl sortiert in einer Halle. Auch ein Hutmuseum gibt es hier.

Bei dem mittelalterlichen Dörfchen **Mirepeisset** muss man sich entscheiden, ob man über die Descente de la Robine nach **Narbonne** fahren will. Der Canal du Midi führt weiter in Richtung **Capestang.** In Capestang kann man wieder Wasser nachfüllen und an einem Sonntagvormittag oder mittwochs auch auf dem Markt einkaufen. Eine riesige Kirche mit 44 m hohem Glockenturm steht im Dorf, und das Kirchenschiff mit 26,7 m Höhe ist ebenso imposant. Wer Lust hat, sich etwas zu bewegen, kann von Capestang mit dem Fahrrad auf dem Treidelpfad nach Béziers fahren. 19 kurzweilige Kilometer führen an der Schleuse von Fonséranes vorbei, und auf den Hügeln von Ensérune kann man ein keltisches Oppidum besichtigen, das schon im 1. Jh. n. Chr. verlassen war; Ausgrabungen sind in einem Museum ausgestellt. Gleich hinter dem Hügel verschwindet der Canal du Midi in dem 173 m langen Malpas-Tunnel, dem ersten unterirdischen Schiffstunnel der Welt.

An der **Domaine de Guéry,** einem 400 Jahre alten Weingut, lockt ein eigener Ankerplatz potenzielle Kunden. Zugegeben, die nächste Möglichkeit in **Poilhes** ist viel schwieriger.

Béziers ···> Marseillan

Die Schleusen von **Fonséranes** vor **Béziers** muss man bis 15 Uhr hinter sich haben. Béziers ehrt seinen berühmtesten Sohn mit den Allées Paul Riquet und einer Bronzestatue. Nach dem **Pont de Cayuls** kann man bei einer Fischzucht Forellen angeln oder Krebse kaufen. Wasser gibt es hier kostenlos. Durch eine kreisförmige Schleuse gelangt man dann nach **Agde.** Die Sperrschleuse in **Prades** ist in der Regel offen. Wenn nicht, muss man selbst an der Kurbel drehen. In **Bagnas** gibt es nur eine Schleuse. Danach befindet man sich zwischen den Strandseen von Bagnas und **Thau** (auf die gekennzeichneten Austernbänke achten!) auf den letzten Kilometern nach Marseillan.

Für die Bootsfahrt auf dem Canal du Midi braucht man keinen Führerschein.

Wissenswertes über das Languedoc-Roussillon

Weidende Schafherden prägen von jeher das Landschaftsbild im Languedoc-Roussillon.

Wichtige Informationen auf neuestem Stand helfen bei der Reiseplanung. Dazu gibt es einen geschichtlichen Überblick sowie Sprachführer und Essdolmetscher.

Jahreszahlen und Fakten im Überblick

Vor 2 Mio. Jahren
Der Homo erectus wandert in den nördlichen Mittelmeerraum ein.

20 000–12 000 v. Chr.
Die Höhlenmalereien an Ardèche und Garonne entstehen.

560 v. Chr.
Die Griechen gründen Agathé (Agde).

5./4. Jh. v. Chr.
Verzierte Töpfereien werden hergestellt. Die Gallier, ein kriegerisches Reitervolk, besetzen das Gebiet.

3. Jh. v. Chr.
Dolmen und Menhire kennzeichnen Grabstätten. Spuren griechischer und iberischer Siedler.

218 v. Chr.
Hannibal durchquert die Region auf dem Weg von Spanien nach Rom.

118 v. Chr.
Die Römer gründen Narbonne und erbauen die Via Domitia von Beaucaire nach Le Perthus.

58–52 v. Chr.
Gaius Julius Caesar erobert das freie Gallien.

27 v. Chr.
Augustus ergreift die Macht und baut Narbonne, Béziers und Nîmes aus.

719
Araber erobern Narbonne.

778
Karl der Große will Spanien dem Christenreich einverleiben, muss jedoch eine Niederlage hinnehmen. Erst Wilhelm Kurznase gelingt es 803, das Reich der Karolinger bis Katalonien auszudehnen.

1172
Berenguer erbt das Languedoc, das zum Nachbarn Roussillon enge wirtschaftliche Beziehungen pflegt.

1209
In Béziers töten Kreuzzügler 15 000 Katharer.

1258
Jakob I. von Aragón tritt die Gebiete nördlich der Corbières an Ludwig IX. ab, welcher im Gegenzug auf Katalonien und das Roussillon verzichtet.

1559
Die Religionskriege gehen zu Ende. Das östliche Languedoc tritt zum Calvinismus über.

1567
Massacre de la Michelinade: In Nîmes werden 200 katholische Geistliche umgebracht.

1598
Das Edikt von Nantes gewährt Glaubensfreiheit.

1622
Ludwig XIV. macht Montpellier zum Verwaltungszentrum des Languedoc.

1659
Mit dem Pyrenäenvertrag erhält Frankreich das Roussillon zurück.

1666
Der Bau des Canal du Midi beginnt.

1685
Ludwig XIV. hebt das Edikt von Nantes auf. Die Hugenotten flüchten daraufhin ins Ausland. Der Kamisardenaufstand, der seinen Namen den Hemden der Calvinisten verdankt, hält die Elitetruppen des Königs zwei Jahre lang in Schach.

1787
Ein Toleranzedikt beendet die Verfolgung der Hugenotten.

1789
Revolution auch im Süden. Die calvinistischen Protestanten schließen sich der Revolution an, während die Katholiken königstreu bleiben.

1790
Die Provinzen werden in etwa gleich große Départements aufgeteilt. Aus Roussillon wird das Département Pyrénées-Orientales. Das Languedoc teilt man in neun Départements.

1799
Napoleon I. setzt zur Festigung seiner Macht Bürgermeister ein. Die regionale Autonomie verschwindet.

1839
Von Montpellier nach Sète wird die erste Eisenbahnlinie im Süden Frankreichs gebaut.

1882
Die allgemeine Schulpflicht wird eingeführt und Französisch verbindliche Unterrichtssprache. Der Gebrauch der örtlichen Dialekte wird verboten.

1907
Aufstand der Winzer. Importe aus der Kolonie Algerien und Überproduktion drohen die Weinbauern brotlos zu machen.

1940
Die deutsche Wehrmacht besetzt Südfrankreich, die Südcevennen werden zum Widerstandsgebiet.

1962
Nach dem Algerienkrieg ziehen viele Algerienfranzosen in die Region um Montpellier.

1963
Die wirtschaftliche Belebung des Südens mit dem Ausbau zahlreicher Ferienorte beginnt. La Grande Motte, die Pyramidenstadt am Golfe du Lion, macht Schlagzeilen.

1971–1981
Demonstration gegen die Erweiterung des 3000 ha großen Truppenübungsplatzes von Larzac. Die Protestbewegung Larzac Libre wird zum Symbol des gewaltsamen Widerstandes gegen die Pariser Militär- und Umweltpolitik.

1981
Die Regierung Mitterrand gewährt über 100 000 illegal Eingewanderten Bleiberecht, woraufhin die Wähler scharenweise zum rechtsextremen Front National überlaufen.

1982
Mitterrand ermöglicht die Dezentralisierung und gewährt den Regionen damit mehr Autonomie.

1994
Die französische Regierung verbietet im Zuge der Reinhaltung der Sprache die Verwendung von Anglizismen. An der Ardèche werden Höhlenmalereien gefunden, deren Alter das der Höhlen von Lascaux vermutlich um einiges übertrifft.

1996
Ein Generalstreik gegen soziale Kürzungen legt im Winter Verkehr und öffentliches Leben fast gänzlich lahm.

2000–2006
Das Languedoc-Roussillon will einen touristischen Schwerpunkt »Wellness« (»des projets thermaux«) entwickeln.

2005
Mit dem Viaduc de Millau über das Tarn-Tal, der höchsten Autobahnbrücke der Welt, ist die Lücke in der A 75 von Paris ins Languedoc-Roussillon geschlossen. Die Region besitzt außerdem eine Attraktion mehr.

Nie wieder sprachlos

Aussprache

~ über einem Vokal bedeutet, dass er nasal ausgesprochen wird:
ã wie z. B. in chance
ä wie in terrain
õ wie in Bonbon

Wichtige Wörter und Ausdrücke

Ja	*oui [ui]*
Nein	*non [nõ]*
Bitte	*s'il vous plaît [sil wu plä]*
Danke	*merci [mersi]*
Und	*et [e]*
Wie bitte?	*comment? [komã]*
Ich verstehe nicht	*je ne comprends pas [schö ne kõmprã pa]*
Entschuldigung	*pardon/excusez-moi [pardõ/exküseh-moa]*
Guten Morgen/Tag	*bonjour [bõschur]*
Guten Abend	*bonsoir [bõsuar]*
Hallo	*salut [salü]*
Ich heiße	*je m'appelle [schö mapäl]*
Ich komme aus	*je suis de [schö süi dö]*
Wie geht es Ihnen/Dir?	*comment allez-vous/vas-tu? [kommã alleh-vu/va-tü]*
Danke, gut	*bien, merci [bjä mersi]*
Wer, was, welcher?	*qui, que, lequel? [ki, kö, lökel]*
Wie viel?	*combien? [kombiä]*
Wo ist?	*où-est? [u-ä]*
Wann?	*quand? [kã]*
Wie lange?	*combien de temps? [kõbiäd tã]*
Sprechen Sie Deutsch?	*parlez-vous allemand? [parleh-vu almã]*
Auf Wiedersehen	*au revoir [oh rövuar]*
Heute	*aujourd'hui [oschurdüi]*
Morgen	*demain [dömä]*
Gestern	*hier [jär]*

Zahlen

eins	*un [ä]*
zwei	*deux [döh]*
drei	*trois [troa]*
vier	*quatre [katr]*
fünf	*cinq [säk]*
sechs	*six [sis]*
sieben	*sept [set]*
acht	*huit [üit]*
neun	*neuf [nöf]*
zehn	*dix [dis]*
hundert	*cent [sãu]*

Mit und ohne Auto unterwegs

Wie weit ist es?	*combien de kilomètres y a-t-il? [kombiä dö kilomätr i jatil]*
Es ist weit	*c'est loin [sä luã]*
Wo ist	*où se trouve [u se truv]*
– die nächste Werkstatt	*le garage le plus proche [le garasch le plü prosch]*
– der Bahnhof/Busbahnhof	*la gare/la gare routière [la gar/la gar rutjär]*
– U-Bahn-Haltestelle	*l'arrêt du métro [larrä dü metroh]*
– Bus-Station	*l'arrêt d'autobus [larrä dotobüs]*
– der Flughafen	*l'aéroport [laehropor]*
– eine Bank	*une banque [ün bãk]*
– eine Tankstelle	*une stationservice [ün stasjõ servis]*
Ich suche einen Arzt/eine Apotheke	*je cherche un médecin/une pharmacie [schö schersch ä mehdsä/ün farmasi]*

Bitte voll tanken!	*plein, s'il vous plaît [plä sil vu plä]*
Normalbenzin	*l'essence [lesãs]*
Super	*super [süper]*
Diesel	*gas-oil [gasual]*
nach rechts/links	*à droite/gauche [a druat/gohsch]*
geradeaus	*tout droit [tu drua]*
Ich möchte ein Auto/Fahrrad mieten	*je voudrais louer une voiture/bicyclette [schö wudrä lueh ün voatür/bisiclät]*
Es ist ein Unfall passiert	*il y a un accident [il ja än aksidã]*
Eine einfache Fahrt 2. Klasse 1. Klasse nach ...	*un aller deuxième/première classe pour ... [än aleh döhsjäm/prömjär klas pur]*

Hotel

Ich suche ein Hotel	*je cherche un hôtel [schö schersch ä ohtäl]*
Haben Sie noch Zimmer frei?	*Avez-vous encore des chambres libres? [aveh-vu ãkor deh schãbrö libr]*
– für eine Woche	*pour une semaine [pur ün sömän]*
Ich habe ein Zimmer reserviert	*j'ai réservé une chambre [schä reserveh ün schãbrö]*
Wie viel kostet das Zimmer?	*combien coûte la chambre? [kombiä kut la schãbrö]*
– mit Frühstück	*avec petit déjeuner compris [awek pti dehschöneh kõpris]*
Kann ich das Zimmer sehen?	*est-ce que je peux voir la chambre? [äs kö schö pöh vuar la schãbr]*
Ich nehme das Zimmer	*je prends la chambre [schö prã la schãbr]*

Restaurant

Die Speisekarte bitte	*la carte, s'il vous plaît [la kart sil vu plä]*
Die Rechnung bitte	*l'addition, s'il vous plaît [ladisjõ sil vu plä]*
Ich nehme ...	*je prends ... [schö prã]*
Wo finde ich die Toiletten? (Damen/Herren)	*où sont les toilettes? (dames/hommes) [u sõ leh toalät (dam/om)]*
Kellner	*Monsieur [missjö]*
Frühstück	*petit déjeuner [pti dehschöneh]*
Mittagessen	*déjeuner [dehschöneh]*
Abendessen	*dîner*

Einkaufen

Wo finde ich ...?	*où est-ce qu'il se trouve ...? [u äs kil se truv]*
Haben Sie?	*avez-vous? [aweh vus]*
Wie viel kostet das?	*combien ça coûte? [kõbiä sa kut]*
Das ist zu teuer	*c'est trop cher [sä tro schär]*
100 g/ein Kilo	*cent grammes/un kilo de [sã gram/ä kilo dö]*
Markt	*marché [marscheh]*
Metzgerei	*boucherie [buschri]*
Haushaltswaren	*articles ménagers [artikl mehnascheh]*
Lebensmittelgeschäft	*épicerie [ehpisri]*
Briefmarken für einen Brief/eine Postkarte nach Deutschland/Österreich/in die Schweiz	*des timbres pour une lettre/carte postale pour l'Allemagne/l'Autriche/la Suisse [dehtäbrpur ün lettr/ün kartpostal pur lalman/lotrisch/la süis]*

Die wichtigsten kulinarischen Begriffe

Wichtige Redewendungen im Restaurant → S. 103

A
abats: Innereien
agneau: Lamm
ail: Knoblauch
amandes: Mandeln
à point: fast durchgebraten
artichauts: Artischocken
assiette: Teller

B
barbeau: Barbe
bavette: saftiges Stück vom Rind, wird meist kurz gebraten
betteraves: Rote Bete
beurre: Butter
bière: Bier
bisque: Krebssuppe
blanc de poulet: Hühnerbrust
bœuf: Rindfleisch
bœuf à la mode: Schmorbraten
boisson: Getränk
brik: Teigtasche
brochette: Fleischspieß
brouillade: Rühreier
brut: sehr trocken

C
cacahouètes: Erdnüsse
calmar: Tintenfisch
canard: Ente
carbonade: Grillfleisch über Holzkohle
chou: Kohl
choufleur: Blumenkohl
civet: Ragout
clovisses: Venusmuscheln
coing: Quitte
concombre: Salatgurke
confiserie: Süßwaren
coq: Hahn
coq au vin: in Rotwein geschmortes Hühnerfleisch
coquillages: Muscheln
cornichon: Gewürzgurke
coupe glacée: Eisbecher
crêpe: Eierpfannkuchen
crevettes: Garnelen

D
déjeuner: Mittagessen
dinde: Pute
dîner: Abendessen
dorade: Goldbrasse

E
eau: Wasser
eau minérale: Mineralwasser
eau plate: ohne Kohlensäure
écrevisse: Krebs
entrée: Vorspeise
épices: Gewürze
épinard: Spinat
escalope: Schnitzel
escargot: Schnecke
espardon: Schwertfisch

F
faisan: Fasan
farci: gefüllt
fenouil: Fenchel
figues: Feigen
fines herbes: gehackte Kräuter
flétan: Heilbutt
foie: Leber
fraises: Erdbeeren
framboises: Himbeeren
friture: gebratene Fische
fromage: Käse
fruits: Früchte
fruits de mer: Meeresfrüchte
fumé: geräuchert

G
gâteau: Kuchen
gazeuse: mit Kohlensäure
gibier: Wild
gigot d'agneau: Lammkeule
glace: Eis
glaçon: Eiswürfel
gratiné: überbacken
grenouille: Frosch
grillade: Rostbraten
grillé: gegrillt

H
haché: gehackt
hachis: Hackbraten
haricots: Bohnen
harissa: Chilisauce
herbes: Kräuter
homard: Hummer
hors d'œuvre: Vorspeisen
huile: Öl
huîtres: Austern

I
infusion: Kräutertee

J
jambon: Schinken
jus: Saft

L
lait: Milch
langoustines: kleine Langusten (Scampi)
lapin: Kaninchen
légume: Gemüse
lotte de mer: Seeteufel
loup de mer: Wolfsbarsch

M
maquereaux: Makrelen
menthe: Minze
merguez: Würstchen
mérou: Zackenbarsch
miel: Honig
morue: Stockfisch
moules: Miesmuscheln
mouton: Hammel
mulet: Meeräsche

N
nouilles: Nudeln

O
œuf: Ei
œuf sur le plat: Spiegelei
oignons: Zwiebeln
omelette aux fines herbes: Kräuter-omelett

P
pageot: Rotbrasse
pain: Brot
– *complet:* Vollkornbrot
pastèque: Wassermelone
pâte: Teigwaren
pâtisserie: Kuchen
paupiettes de veau: Kalbsroulade
pêches: Pfirsiche
petit déjeuner: Frühstück
petit pois: Erbse
pignols: Pinienkerne
piment: scharfer Pfeffer
pistaches: Pistazienkerne
plat du jour: Tagesmenü
poire: Birne
poisson: Fisch
poivre: Pfeffer
pomme: Apfel
pomme de terre: Kartoffel
potage: Suppe
poulet: Hühnchen
poulet rôti: Brathühnchen
poulpe: Krake
prune: Pflaume

Q
quenelles: Fleischklößchen

R
raisin: Weintraube
repas: Mahlzeit
riz: Reis
rognons: Nieren
rôti: Braten

S
saignant: blutig (Steak)
sanglier: Wildschwein
saucisse: Wurst
seiche: Tintenfisch
sel: Salz
semoule: Grieß
sole: Seezunge
sucre: Zucker

T
tarte: Torte
terrine: Fleischpastete
thon: Tunfisch

V
veau: Kalb
viande: Fleisch
vin: Wein
volaille: Geflügel

Nützliche Adressen und Reiseservice

AUF EINEN BLICK
Einwohnerzahl: 2,3 Millionen
Fläche: 27 376 qkm; achtgrößte Region Frankreichs
Verwaltungseinheiten: Die Départements Gard, Hérault, Lozère, Aude und Pyrénées-Orientales bilden das Languedoc-Roussillon; touristisch dazugerechnet werden Gebiete der Départements Ardèche, Tarn und Aveyron.
Religion: vorwiegend katholisch

ANREISE

Mit dem Auto

Wenn man von den Hauptreisezeiten im Juli und August absieht, und hier jeweils vom zweiten Wochenende, lässt es sich gut auf den gebührenpflichtigen Autobahnen nach Süden reisen (Höchstgeschwindigkeit 130 km/h). Die A 6 und die A 7 sind die Hauptreiserouten. Seit außerdem der Engpass Lyon mit der östlichen Umfahrung (A 40) entschärft ist und die A39 von Dôle nach Bourg-en-Bresse den Stau von Beaune umfährt, spart man auch 20 km ein.

Das Schild »péage« zeigt an, wo die **Mautpflicht** für die Autobahnen beginnt. Wer das Land einmal von Norden nach Süden durchquert, muss mit etwa 50 € an Gebühren rechnen. Parallel zur Autobahn kann man die Nationalstraße N 113 an der Rhône entlangfahren. Jedoch kommt man auf dieser meist viel befahrenen Strecke dementsprechend langsamer voran.

Mit dem Autoreisezug

Bis zu den Verladebahnhöfen **Avignon** und **Narbonne** kann man von Berlin, Düsseldorf, Hannover, Hamburg, Köln und München aus mit dem Autoreisezug von April bis Oktober fahren, wenn man seine Reise sehr früh plant. Das hat allerdings seinen Preis: Von Hamburg oder Berlin bis Avignon bezahlt man beispielsweise etwa 500 € für die einfache Fahrt.

Mit dem Flugzeug

Direktflüge aus Österreich und der Schweiz ins Languedoc-Roussillon gibt es nicht. Man fliegt nach **Lyon** oder **Paris** und steigt anschließend um. Im ersten Fall in Auto oder Zug, im zweiten auch ins nächste Flugzeug nach **Nîmes, Montpellier** oder **Perpignan**. Vom Flughafen Hahn im Hunsrück fliegt man für den Preis einer Bouillabaisse nach Montpellier.

Mit dem Zug

Am schnellsten erreicht man den Süden über **Paris**. Von hier aus fährt der Hochgeschwindigkeitszug **TGV** (Train à Grande Vitesse) in etwa dreieinhalb Stunden nach **Nîmes**, eine halbe Stunde länger bis **Montpellier**, rund fünf Stunden bis **Béziers** oder 6 1/2 Stunden bis **Narbonne**.

Neben preisgünstigen Tickets für Jugendliche und Rentner wird für längere Strecken der »tarif de séjour« angeboten. So ist es gelegentlich günstiger, weiter nach Süden zu fahren oder ein Ticket für diese Strecke zu buchen, um in den Genuss der billigen Fahrkarte (Prem's) zu gelangen. Jedenfalls ist sie eine vernünftige Alternative für Urlauber, die von einem der größeren Orte eine Rundfahrt planen. Verkaufsstelle der SNCF, der französischen Eisenbahngesellschaft, in Deutschland:
Bahnhofsvorplatz 1,
50667 Köln; Tel. 01 80/5 21 82 38,
Fax 02 21/91 39 31 20;
E-Mail: verkauf@raileurope.de

AUSKUNFT

Französische Fremdenverkehrsämter
In Deutschland
Zeppelinallee 37, 60325 Frankfurt/Main;
Tel. 01 90/57 00 25, Fax 01 90/59 90 61

(Servicenummer 0,62 €/Minute); www.maison-de-la-france.com, www.franceguide.com

In Österreich
Argentinierstr. 41a, 1040 Wien; Tel. 09 00/25 00 15, Fax 01/5 03 28 71; www.mdlf.at

In der Schweiz
Rennweg 42, 8023 Zürich; Tel. 09 00/90 06 99, Fax 01/2 17 46 17

In Frankreich
Comité Régional du Tourisme Languedoc-Roussillon
20, rue de la République, 34000 Montpellier; Tel. 00 33/4 67 22 81 00, Fax 4 67 58 06 10; www.sunfrance.com

Buchtipps

Lion Feuchtwanger: »Der Teufel in Frankreich« (Aufbau). Schilderung der Kriegszustände im Zeltlager Saint-Nicolas bei Nîmes und im Internierungslager Les Milles in der Provence.

Alexandra von Grote: »Die Stille im 6. Stock« (Fischer). Ein Kriminalroman. Das Endspiel der Fußballweltmeisterschaft am 12. Juli 1998 liefert den Lärm, der ein zunächst ungestörtes Verbrechen in einem Krankenhaus in Nîmes ermöglicht.

Ernest Hemingway: »Der Garten Eden« (Rowohlt). Als Hemingway 1946 die denkwürdigen Flitterwochen eines jungen amerikanischen Ehepaares in Le Grau-du-Roi und Spanien beschrieb, war der Ort im Rhônedelta noch ein Fischerdorf. Der Roman, als literarische Sensation gefeiert, war nach Hemingways Tod 1961 unvollendet und erschien postum.

Michel Houellebecq: »Elementarteilchen« (Ullstein). Das in Cap d'Agde spielende Kapitel genügte, den Roman zum Skandal zu machen.

Ian McEwan: »Schwarze Hunde« (Diogenes). Zwei schwarze Hunde verändern das Leben zweier junger Engländer auf der Reise in das Nachkriegsfrankreich. Im politisch-psychologischen Thriller, der in den Cevennen beginnt, werden die Tiere im Berlin des Mauerfalls quasi wiedergeboren.

Diplomatische Vertretungen

Deutsches Generalkonsulat
338, av. du Prado, 13295 Marseille Cedex 8; Tel. 04 91 16 75 20, Fax 04 91 16 75 28

Österreichisches Generalkonsulat
22, cours Pierre Puget, 13006 Marseille; Tel. 04 91 53 02 08, Fax 04 91 53 71 51

Schweizer Generalkonsulat
7, rue d'Arcole, 13291 Marseille Cedex 6; Tel. 04 96 10 14 10/11, Fax 04 91 57 01 03

Eintrittspreise

Die Eintrittspreise sind auch in sehr kleinen Museen oft überraschend hoch. Vergünstigungen sind nicht üblich und werden allerhöchstens für Kinder gewährt.

Feiertage

1. Januar	Neujahr
Ostermontag	
1. Mai	Tag der Arbeit
8. Mai	Armistice 1945, deutsche Kapitulation in Reims
Christi Himmelfahrt	
Pfingstmontag	

Nebenkosten in Euro

1 Tasse Kaffee	ca. 2,00
1 Bier (Flasche)	ca. 2,40
1 Cola	ca. 0,75
1 Brot (Weißbrot)	0,80
1 Schachtel Zigaretten	5,00
1 Liter Benzin	0,98
Fahrt mit öffentl. Verkehrsmitteln (Einzelfahrt)	1,00
Mietwagen/Tag	ab 40,00

Stand: Februar 2005

14. Juli	Nationalfeiertag, Sturm auf die Bastille 1789
15. August	Mariä Himmelfahrt
1. November	Allerheiligen
11. November	Waffenstillstand 1918
25. Dezember	Weihnachten

Geld

Am 1. Januar 2002 wurden die Euro-Banknoten und -Münzen in Umlauf gebracht. Am 1. Juli 2002 verloren dann die einzelstaatlichen Währungen – also auch der französische Franc – ihre Gültigkeit.

Kreditkarten sind in Frankreich häufiger in Gebrauch als in Deutschland. Oft ist damit jedoch ausschließlich die französische Carte Bleue (CB) gemeint. So sollte man für Restaurantbesuche immer Bargeld mit dabeihaben. Hotelrechnungen dagegen kann man fast immer mit Kreditkarte begleichen. Wo Karten akzeptiert werden, sind AmEx MASTER und VISA am gebräuchlichsten.

Internet

Fast jeder Ort hat seine eigene Website. Neben der offiziellen Seite, **www.sunfrance.com**, gibt es gute Informationen und Adressen zu ausgewählten Themen (Feste, Golfplätze, Sport usw.) bei **www.franceguide.com**, auch auf Deutsch. Seit 2005 finden deutschsprachige Urlauber unter **www.logis-de-france.fr** Hoteladressen, Karten, Angebote für Rundreisen und themenbezogene Unterkünfte (für Radfahrer, Weinfreunde, Angler usw.) der kontrollierten Hotelkette.

Medizinische Versorgung

Der Arzt trägt in Frankreich keinen weißen Kittel. Dafür kassiert er gleich nach der Behandlung. Da nützt auch kein Auslandskrankenschein. Man lässt sich die Behandlung bescheinigen und rechnet zu Hause mit der Krankenkasse ab.

Notruf

ACE 00 49/18 02/34 35 36
ADAC 00 49/18 02/22 22 22
Polizei 17
Feuerwehr 18

Öffnungszeiten

Restaurants sind üblicherweise von 12 bis 14/15 Uhr und von 19 bis höchstens 22 Uhr geöffnet. Das heißt jedoch nicht, dass man überall um 21.30 Uhr noch bedient wird. Nur in sehr gut besuchten Ferienorten wird in mehreren »Durchgängen« serviert. Unabhängig davon sind Urlauber in Imbissen und Crêperien.

Post

Briefmarken kauft man im »tabac«. Dort gibt es auch die zum Telefonieren unentbehrliche »télécarte«. Beides erhält man auch bei der Post: Öffnungszeiten 8–18.30 Uhr.

Reiseknigge

Suchen Sie sich im Restaurant nicht selbst einen Tisch. Da die meisten Gäste ihren Platz reservieren, weist der Kellner Ihnen einen Tisch zu. Sprechen Sie ihn nicht mit »garçon«, sondern mit »monsieur« an.

Lassen Sie nichts, aber auch wirklich gar nichts im Auto liegen. Diebe beobachten gern große Parkplätze an einsam gelegenen Orten und warten, bis die Autobesitzer weggegangen sind. Wer eine Grotte oder einen Strand besucht, kommt spät wieder. Zeit genug, einen Kofferraum aufzubrechen, wenn schon nichts sichtbar im Auto liegt. Im Parkhaus kann man nicht so unauffällig beobachtet werden, und das Auto ist kühler, wenn man es wieder braucht.

Reisezeit

Im Juli und August herrscht Hochsaison. Wer kein Zimmer und keinen Zeltplatz vorbestellt hat, dürfte Schwierigkeiten haben, eine Unterkunft zu finden. In Feriengebieten wird manches Zimmer nur mit Halbpension oder nur wochenweise vermietet. Wer mit dem Auto unterwegs ist, sollte die nationalen Aufbruchtermine 15. Juli und 15. August meiden. Mit hohem Verkehrsaufkommen ist in den französischen Naherholungsgebieten auch an Wochenenden und an Feiertagen zu rechnen. Die Saison für Wanderer beginnt in den Bergen kurz nach Ostern und endet erst im Herbst. Dann aber sind die Pflanzen verbrannt und die Landschaft nicht mehr so reizvoll. Ähnliches gilt für die Kanuten in den Canyons. Auch Straßenräuber halten sich, vor allem in den Städten, an die Saison und nicht mehr nur an große Autos. Für Hotelpreise und Öffnungszeiten ist von Ostern bis Allerheiligen Saison bzw. Hochsaison.

Telefonieren

Ohne »télécarte« (zu 50 oder 120 Einheiten) geht fast nichts, auch nicht auf dem Dorf. In Telefonzellen, an denen eine Klingel klebt, kann man sich auch anrufen lassen. Die Karten gibt es bei der Post und im »tabac«.

Wer eine Telefonnummer sucht, begibt sich im Postamt (oder in der Bar) ans **Minitel**, wählt die 11 und kann dann auf dem Bildschirm durch das Telefonbuch wandern. Das ist einfacher, als ein Telefonbuch zu benutzen, da man nur das Département kennen muss.

Für Gespräche nach Frankreich muss man das Länderkennzeichen 00 33 und die Teilnehmernummer wählen. Dabei lässt man die 0 der neuen zehnstelligen Telefonnummern weg. Seit Oktober 1996 ist die Auslandsvorwahl 19 durch 00 ersetzt. Es gelten folgende Länderkennzahlen:

D, A, CH → F 00 33
F → D 00 49
F → A 00 43
F → CH 00 41

Der günstigere Nachttarif gilt von 19–8 Uhr, samstags ab 12 Uhr und an Sonn- und Feiertagen.

Handybesitzer tun im Hinblick auf die Rechnung gut daran, eine örtliche Karte zu kaufen. In den Bergen muss man damit rechnen, dass man gar keinen Empfang hat.

Verkehrsverbindungen

Auto

Die schönsten Plätze in der Region sind ohne Auto oder Motorrad kaum

Entfernungen (in km) zwischen wichtigen Orten

	Agde	Alès	Béziers	Carcassonne	Mende	Montpellier	Narbonne	Nîmes	Perpignan	Sète
Agde	–	127	22	102	137	57	45	103	106	23
Alès	127	–	130	210	110	70	160	44	222	125
Béziers	22	130	–	80	240	60	23	108	99	45
Carcassonne	102	210	80	–	320	140	57	195	120	125
Mende	137	110	240	320	–	180	273	153	334	211
Montpellier	57	70	60	140	180	–	93	50	152	31
Narbonne	45	160	23	57	273	93	–	140	61	68
Nîmes	103	44	108	195	153	50	140	–	200	81
Perpignan	106	222	99	120	334	152	61	200	–	144
Sète	23	125	45	125	211	31	68	81	144	–

erreichbar. In den größeren Städten bieten daher verschiedene Mietwagenfirmen ihre Dienste an.

Zur Hauptreisezeit empfiehlt es sich jedoch, schon von zu Hause aus ein Auto zu bestellen. Die Preise entsprechen in etwa denen in Deutschland. Außerdem gibt es Wochenend- und Wochenpauschalen.

Adressen und Telefonnummern bekommt man bei den jeweiligen Fremdenverkehrsämtern.

Zum Problem wird das Auto in den Städten, denn Parkplätze sind rar. In der »zone bleue« darf nur mit Parkscheibe geparkt werden. Ein gelber Streifen am Straßenrand bedeutet absolutes Halteverbot, und auf Nachsicht mit ausländischen Urlaubern hofft vergeblich, wer in Frankreich Verkehrsregeln überschreitet.

Belebte Innenstädte und viel besuchte Touristenziele garantieren keineswegs die Unversehrtheit von Auto und Gepäck. Sichtbar herumliegende Kameras oder auch nur Sonnenbrillen im Autoinneren reizen Langfinger öfter, als man glauben will. Wer sein Gepäck aus dem Kofferraum vermisst, sollte sich unbedingt an die örtliche Polizei wenden, weil die Verlustmeldung zu Hause von der Versicherung verlangt wird.

Boot

Die **Kanalschifffahrt** gehört im Languedoc zu den schönsten und geruhsamsten Fortbewegungsarten. Entsprechend beliebt ist sie, und so trifft, wer ein Hausboot mietet, im Sommer auch viele andere Freizeitkapitäne, die mit 6 km/h Höchstgeschwindigkeit von Schleuse zu Schleuse fahren. Kinderleicht wird das Schippern allerdings erst – auch wenn die Bootsverleiher anderes versprechen – vom zweiten oder dritten Tag an. Man mietet die meist für zwei bis vier Personen ausgestatteten Boote für eine Woche (Kostenpunkt: ca. 500 €). In dieser Zeit kann man von **Carcassonne** nach **Béziers** gelangen oder umgekehrt (→ S. 96/97). Die Verleiher bieten auch den Service an, das Auto an den Zielort zu bringen.

Wohnmobil

Die Schluchten der **Ardèche**, der **Cèze** und des **Tarn** sind beliebte Reiseziele von Campern. Wohnmobile dürfen in den meisten Innenstädten nicht abgestellt werden. Wer mit einem großen, schweren Gefährt unterwegs ist, sollte seine Routenauswahl dementsprechend treffen. Durch die Berge im Hinterland führen bisweilen so schmale, steile und unbefestigte Wege, dass sogar manchem Kleinwagenfahrer angst und bange wird, er könnte einem anderen Fahrzeug begegnen.

Öffentliche Verkehrsmittel

Problemlos kommt man mit dem **Zug** von Nîmes nach Montpellier, Perpignan und Le Grau-du-Roi. Der Bus an die Küste nach Le Grau-du-Roi jedoch fährt selten und braucht lange. Und wer in den Cevennen oder im Hinterland von Narbonne oder Carcassonne ein Ziel hat, wird manchmal vergeblich Busfahrpläne studieren.

Das Languedoc-Roussillon ist keine Urlaubsregion für Anhänger des sanften Tourismus, die ohne Fahrrad unterwegs sind. Wer allerdings viel Zeit hat und damit zufrieden ist, dass zwischen vielen Orten nur zwei Busse jeweils morgens und abends verkehren, wird sich mit öffentlichen Verkehrsmitteln begnügen können.

Zoll

Seit dem 1. Januar 1993 sind die Zollkontrollen an den Binnengrenzen der EU entfallen (nicht jedoch etwaige Sicherheitskontrollen).

Es muss erkennbar sein, dass Waren für den Privatgebrauch bestimmt sind. Bei Verdacht, dass Sie mit den Waren handeln, werden Sie zur Versteuerung herangezogen. Für Schweizer gelten die alten Regelungen. Duty-free-Einkauf gibt es innerhalb der EU nicht mehr.

Kartenatlas

Orientierung leicht gemacht: mit Planquadraten und allen Orten und Sehenswürdigkeiten.

Legende

Routen und Touren

- Rund um Nîmes (S. 92)
- Katharerland (S. 94)
- Auf dem Canal du Midi (S. 96)

Sehenswürdigkeiten

- MERIAN-TopTen
- MERIAN-Tipp
- Sehenswürdigkeit, öffentl. Gebäude
- Sehenswürdigkeit Kultur
- Sehenswürdigkeit Natur
- Kirche
- Schloss, Burg; Ruine
- Museum

Sehenswürdigkeiten ff.

- Denkmal
- Leuchtturm
- Archäologische Stätte
- Höhle

Verkehr

- Autobahn
- Autobahnähnliche Straße
- Fernverkehrsstraße
- Hauptstraße
- Nebenstraße
- Unbefestigte Straße, Weg
- Parkmöglichkeit
- SNCF Bahnhof

Verkehr ff.

- Schiffsanleger
- Flughafen
- Flugplatz

Sonstiges

- Information
- Theater
- Markt
- Camping
- Aussichtspunkt
- Friedhof
- Naturparkgrenze

A B C

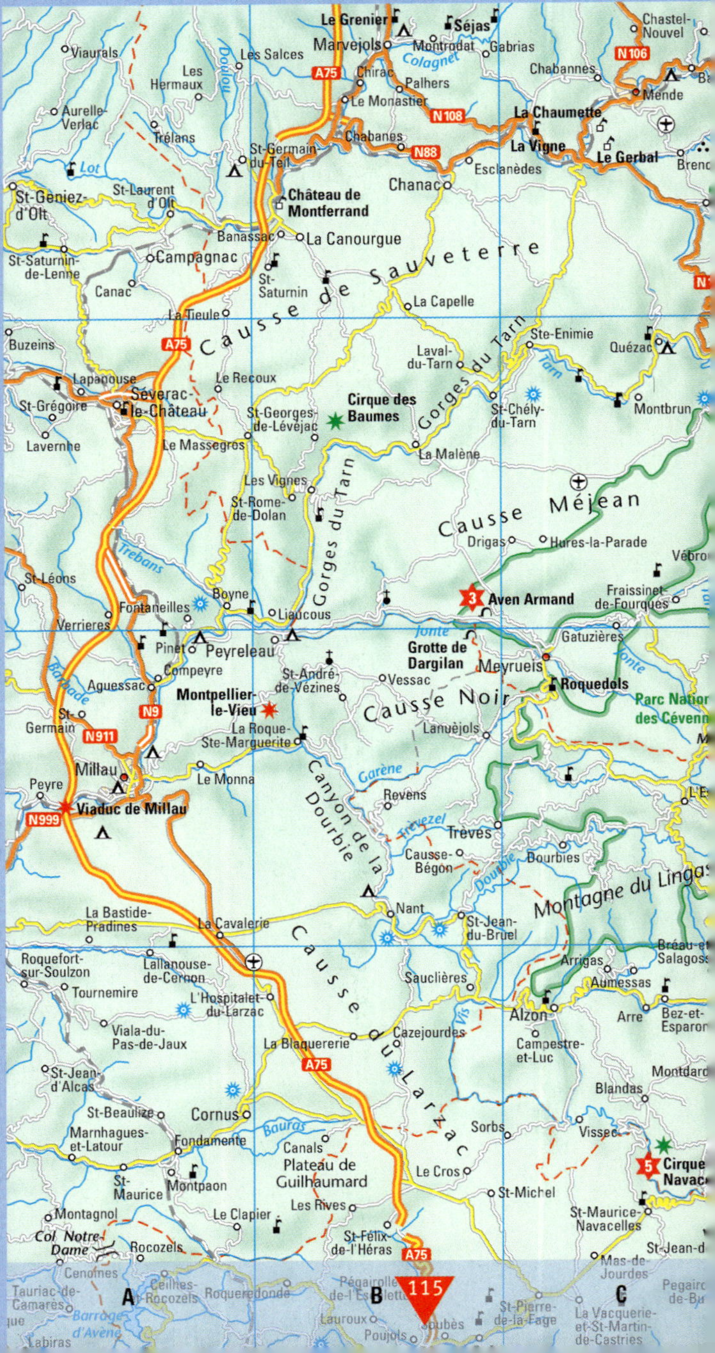
1
2
3
4
Viaurals
Les Hermaux
Les Salces
Doulou
Le Grenier
Séjas
Marvejols
Montrodat
Gabrias
Colagnet
Chastel-Nouvel
N 106
Chabannes
Mende
A75
Chirac
Palhers
Le Monastier
N108
Aurelle-Verlac
Trélans
Chabanes
N88
La Chaumette
La Vigne
Le Gerbal
St-Germain-du-Teil
Esclanèdes
Lot
Chanac
St-Laurent-d'Olt
St-Geniez-d'Olt
Aubrac
Château de Montferrand
Banassac
La Canourgue
St-Saturnin-de-Lenne
Campagnac
St-Saturnin
Causse de Sauveterre
Canac
La Capelle
La Tieule
Buzeins
A75
Ste-Enimie
Quézac
Laval-du-Tarn
Gorges du Tarn
Tarn
Lapanouse
Le Recoux
Sévérac-le-Château
St-Grégoire
Cirque des Baumes
St-Georges-de-Lévéjac
St-Chély-du-Tarn
Montbrun
Lavernhe
Le Massegros
La Malène
Les Vignes
St-Rome-de-Dolan
Gorges du Tarn
Causse Méjean
Drigas
Hures-la-Parade
Trebans
St-Léons
Fontaneilles
Boyne
Liaucous
Aven Armand
Fraissinet-de-Fourques
Verrieres
Jonte
Pinet
Peyreleau
Grotte de Dargilan
Gatuzières
Meyrueis
Roquedols
Compeyre
Aguessac
Batlade
St-André-de-Vezines
Vessac
Montpellier-le-Vieu
Causse Noir
Parc National des Cévennes
St-Germain
N9
N911
La Roque-Ste-Marguerite
Lanuèjols
Millau
Le Monna
Canyon de la Dourbie
Garène
Peyre
Viaduc de Millau
N999
Revens
Trevezel
Trèves
Causse-Bégon
Bourbies
Dourbie
Montagne du Lingas
La Bastide-Pradines
La Cavalerie
Nant
Jonte
St-Jean-du-Bruel
Causse du Larzac
Roquefort-sur-Soulzon
Lallanouse-de-Cernon
Bréau-et-Salagosse
Arrigas
Tournemire
Sauclières
Aumessas
L'Hospitalet-du-Larzac
Vis
Alzon
Arre
Bez-et-Esparon
Viala-du-Pas-de-Jaux
Cazejourdes
La Blaquererie
Campestre-et-Luc
A75
St-Jean-d'Alcas
Montdardier
Blandas
St-Beaulize
Cornus
Sorbs
Marnhagues-et-Latour
Fondamente
Bauras
Vissec
Canals
Plateau de Guilhaumard
Cirque de Navacelles
St-Maurice
Montpaon
Le Cros
St-Michel
Montagnol
Le Clapier
Les Rives
St-Maurice-Navacelles
Col Notre Dame
Rocozels
St-Félix-de-l'Héras
A75
St-Jean-de-
Mas-de-Jourdes
Cenomes
Tauriac-de-Camarès
Ceilhes-et-Rocozels
Roqueredonde
Pégairolles-de-l'Escalette
115
St-Pierre-de-la-Fage
La Vacquerie-et-St-Martin-de-Castries
Pegairolles-de-Bu
Barrage d'Avène
Lauroux
Soubès
Poujols
Labiras
A B C

D
E
F
1
2
3
4
Les Chazeaux
Belvezet
Allenc
Chasserades
Montagne du Goulet
Bagnols-les-Bains
Le Bleymard
Cubières
Altier
Barrage de Villefort
Castanet
Parc National des Cévennes
Mont Lozère
1699
Rûnes
Le Vialà
Fraissinet-de-Lozère
Le Pont-de-Montvert
St-Maurice-de-Ventalon
St-Julien-d'Arpaon
1362
Cassagnas
Gardon d'Alès
Le Vergougnous
St-Martin-de-Lansuscle
Ste-Croix-Vallée-Française
Moissac-Vallée-Française
Gardon de St-Jean
St-Roman-de-Tousque
Saumane
L'Estréchure
Les Plantiers
Valleraugue
Notre-Dame-de-la-Rouvière
St-Martial
Lasalle
Colognac
St-Roman-de-Codières
Mandagout
Monoblet
Cros
Sumène
St-Hippolyte-du-Fort
Cadière
Ganges
Montoulieu
Grotte des Demoiselles
Cazilhac-Bas
Agonès
St-Bauzille-de-Putois
Pompignan
Ferrières-les-Verreries
St-André-de-Buèges
Montselgues
Prévenchères
La Garde-Guérin
Ste-Marguerite-Lafigère
Malarce-sur-la-Thines
Villefort
Vielvic
Concoules
Génolhac
Vialas
Chamborigaud
Ste-Cécile-d'Andorge
N 106
Branoux-les-Taillades
La Grande-Combe
La Favède
St-Etienne-Vallée-Française
La Baume
Cendras
Mialet
St-Jean-du-Gard
Grotte de Trabuc
St-Jean-du-Pin
St-Christol-lès-Alès
Bagard
Thoiras
Anduze
Tornac
Durfort
St-Jean-de-Crieulon
Logrian-Florian
Sauve
Quissac
Corconne
Claret
Vacquières
Sauteyragues
St-Clément
Orthoux-Sérignac-Quilhan
Dompnac
Rocles
Sablières
St-Mélany
Les Pauzes
Drobie
St-André-Lachamp
Ribes
Planzolles
Joyeuse
Lablachère
Brès
Payzac
Vompdes
Les Vans
Berrias
Gorges de l'Ardèche
N 104
Aujac
Malbosc
St-Paul-le-Jeune
Sauvas
Sénéchas
Bordezac
Gagnières
St-André-de-Cruzières
La Vernarède
Courry
St-Brès
Bessèges
Rochessadoule
Gammal
St-Ambroix
Portes
Le Martinet
Clet
L'Affenadou
Molières-sur-Cèze
Cité-de-l'Aubradou
Les Mages
St-Julien-de-Cassagnas
Allègre
St-Julien-les-Rosiers
Les Vieilles
Salindres
St-Privat-des-Vieux
Alès
N 6
Mons
La Jasse-de-Bernard
Monteils
St-Hilaire-de-Brethmas
N 110
Vézénobres
Cardet
Ners
St-Césaire
Massanes
Lézan
Maruéjols-lès-Gardon
St-Jean-de-Serres
St-Bénézet
Lédignan
St-Chaptes
Sauzet
Savignargues
Montignargues
St-Théodorit
St-Bauzély
Moulézan
Cannes-et-Clairan
Gajan
Montmirat
Crespian
Parignargues
Vic-le-Fesq
Sardan
Montpezat
Gailhan
St-Côme-et-Maruéjols
Fontanès
Clarensac
Salinelles
Brouzet-lès-Alès
Euzet
Baron
St-Dezery
La Rouvière
116
Ste-Croix-de-Quintillargues
St-Martin-de-Londres
Garrigues
Campagne
Galargues
Souvignargues
Congénies
Nages
Langla
10 km
N
© MERIAN-Kartographie

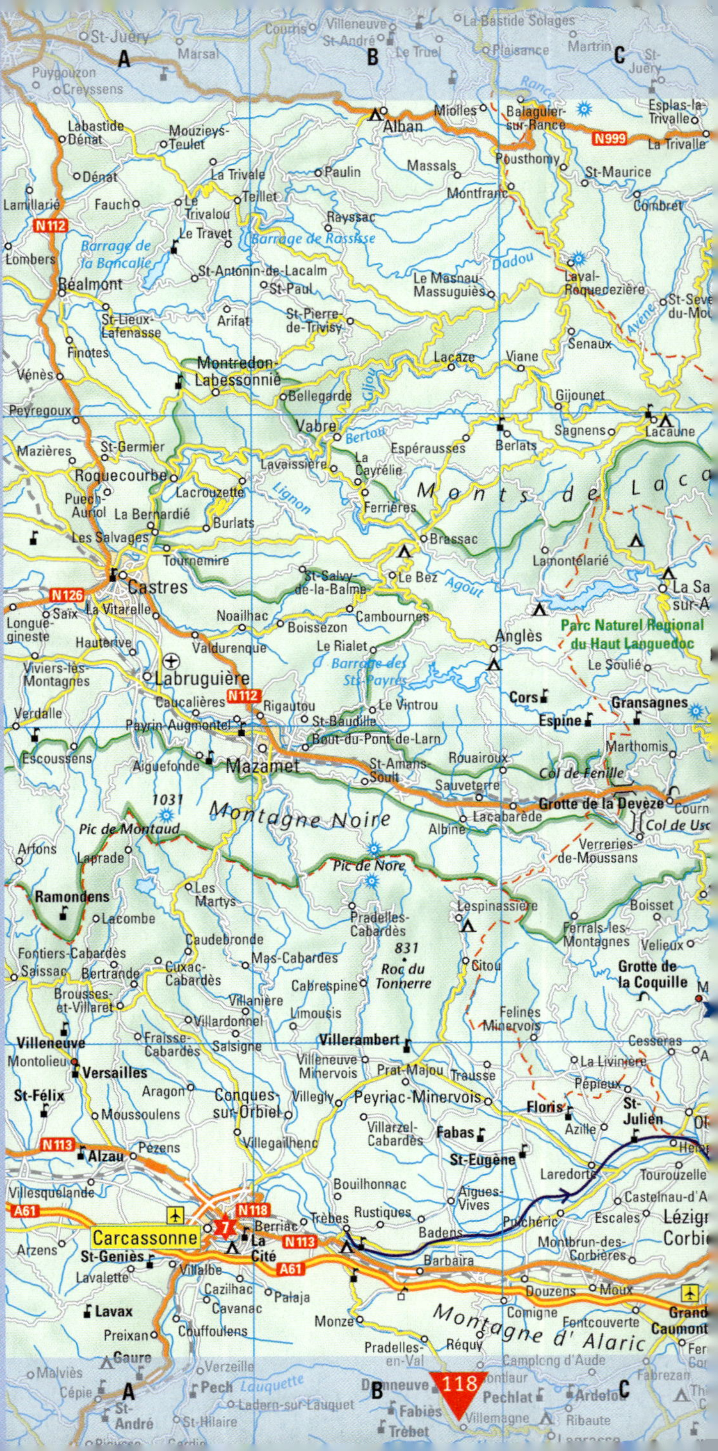
A
B
C
5
6
7
8
St-Juéry
Courris
Villeneuve
St-André
La Bastide Solages
Marsal
Le Truel
Plaisance
Martrin
St-Juéry
Puygouzon
Creyssens
Rance
Alban
Miolles
Balaguier-sur-Rance
Esplas-la-Trivalle
Labastide-Dénat
Mouzieys-Teulet
N999
La Trivalle
Pousthomy
Dénat
La Trivale
Paulin
Massals
St-Maurice
Lamillarié
Fauch
Le Trivalou
Teillet
Montfranc
Combret
N112
Le Travet
Rayssac
Barrage de la Bancalie
Barrage de Rassisse
Lombers
Dadou
St-Antonin-de-Lacalm
Laval-Roquecezière
Réalmont
St-Paul
Le Masnau-Massuguiès
St-Sever-du-Moustier
St-Lieux-Lafenasse
Arifat
St-Pierre-de-Trivisy
Avène
Senaux
Fénols
Montredon-Labessonnié
Lacaze
Viane
Vénès
Bellegarde
Gijounet
Peyregoux
Vabre
Sagnens
Lacaune
Bertou
Mazières
St-Germier
Lavaissière
La Cayrélie
Espérausses
Berlats
Roquecourbe
Monts de Lacaune
Lacrouzette
Ferrières
Puech-Auriol
La Bernardié
Lignon
Burlats
Brassac
Les Salvages
Lamontélarié
Tournemire
St-Salvy-de-la-Balme
Le Bez
Agout
La Salvetat-sur-Agout
Castres
N126
La Vitarelle
Saïx
Longuegineste
Noailhac
Boissezon
Cambournès
Anglès
Parc Naturel Régional du Haut Languedoc
Hauterive
Valdurenque
Le Rialet
Viviers-lès-Montagnes
Labruguière
Barrage des St-Peyres
Le Soulié
Caucalières
N112
Rigautou
Le Vintrou
Cors
Gransagnes
Verdalle
Payrin-Augmontel
St-Baudille
Espine
Bout-du-Pont-de-Larn
Marthomis
Escoussens
Aiguefonde
Mazamet
St-Amans-Soult
Rouairoux
Col de Fenille
Sauveterre
1031
Montagne Noire
Grotte de la Devèze
Courniou
Pic de Montaud
Lacabarède
Albine
Col de Uscla
Arfons
Laprade
Verreries-de-Moussans
Pic de Nore
Ramondens
Les Martys
Lespinassière
Boisset
Lacombe
Pradelles-Cabardès
Ferrals-les-Montagnes
Velieux
Caudebronde
831
Fontiers-Cabardès
Saissac
Cuxac-Cabardès
Mas-Cabardès
Roc du Tonnerre
Citou
Grotte de la Coquille
Bertrande
Cabrespine
Brousses-et-Villaret
Villanière
Limousis
Félines-Minervois
Villardonnel
Villeneuve
Fraisse-Cabardès
Salsigne
Villerambert
Cesseras
Montolieu
Villeneuve-Minervois
La Livinière
Versailles
Prat-Majou
Trausse
Pépieux
St-Félix
Aragon
Conques-sur-Orbiel
Villegly
Peyriac-Minervois
Floris
St-Julien
Moussoulens
Villarzel-Cabardès
Fabas
Azille
N113
Alzau
Pezens
Villegailhenc
St-Eugène
Homps
Laredorte
Tourouzelle
Villesquelande
Bouilhonnac
Aigues-Vives
Castelnau-d'Aude
A61
N118
Puichéric
Escales
Lézignan-Corbières
Carcassonne
7
Berriac
Trèbes
Rustiques
Badens
Arzens
St-Geniès
La Cité
N113
Montbrun-des-Corbières
Lavalette
Villalbe
A61
Barbaira
Cazilhac
Palaja
Douzens
Moux
Lavax
Cavanac
Montagne d'Alaric
Comigne
Fontcouverte
Grand Caumont
Preixan
Couffoulens
Monze
Pradelles-en-Val
Réquy
Camplong d'Aude
Ferrals-les-Corbières
Gaure
Verzeille
Fontlaur
Fabrezan
Malviès
A
B
118
C
Cépie
Pech
Lauquette
Donneuve
Pechlat
Ardelot
St-André
Ladern-sur-Lauquet
Fabiès
St-Hilaire
Trèbet
Villemagne
Ribaute

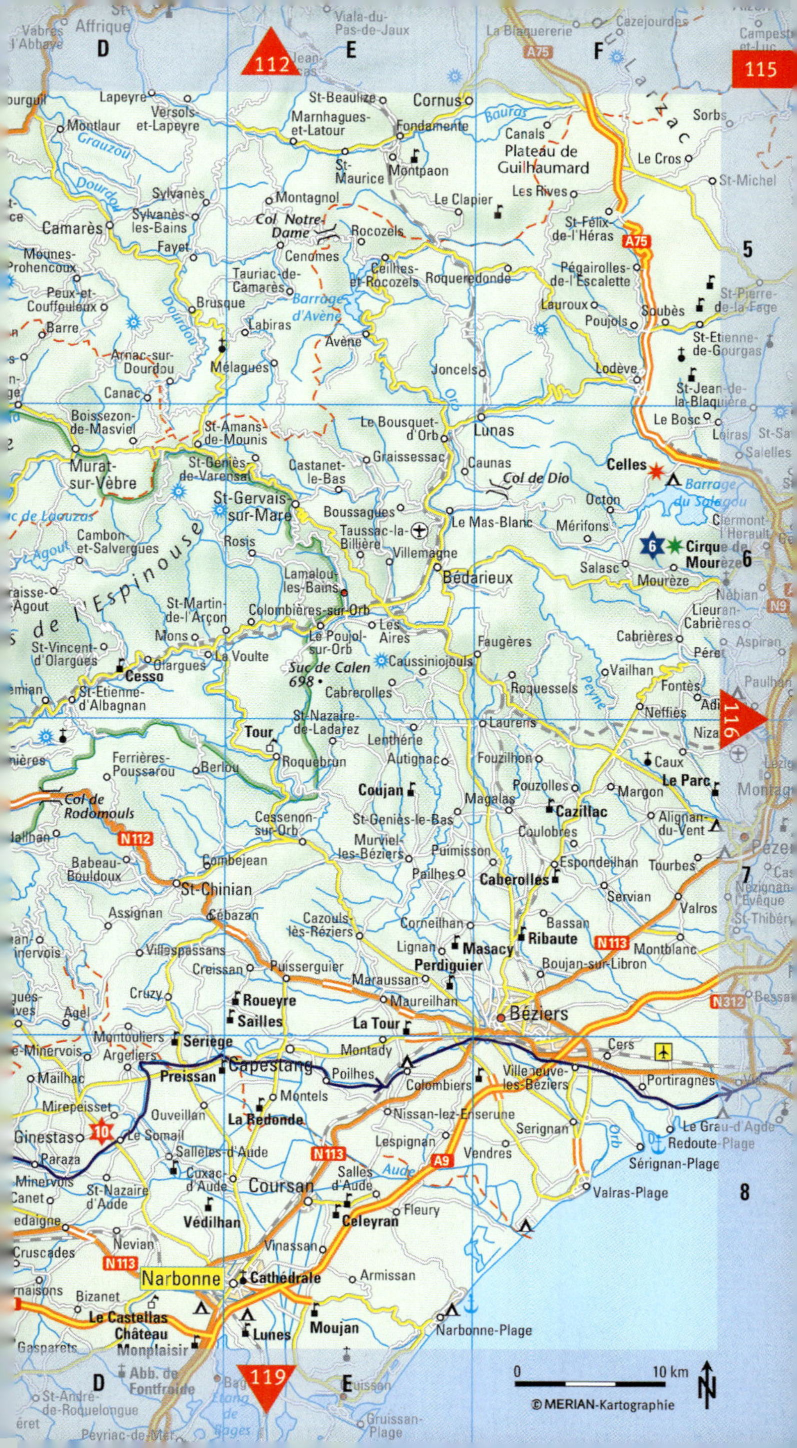
D
E
F
112
116
119
Vabres-l'Abbaye
St-Affrique
Viala-du-Pas-de-Jaux
La Blaquererie
Cazejourdes
Campestre-et-Luc
A75
Larzac
Lapeyre
Versols-et-Lapeyre
St-Beaulize
Cornus
Marnhagues-et-Latour
Fondamente
Bauras
Canals
Sorbs
Montlaur
Grauzou
Plateau de Guilhaumard
St-Maurice
Montpaon
Le Cros
St-Michel
Dourdou
Sylvanès
Sylvanès-les-Bains
Montagnol
Le Clapier
Les Rives
Camarès
Col Notre-Dame
Rocozels
St-Félix-de-l'Héras
5
Mounes-Prohencoux
Fayet
Cenomes
Ceilhes-et-Rocozels
Roqueredonde
Pégairolles-de-l'Escalette
Peux-et-Couffouleux
Tauriac-de-Camarès
Brusque
Barrage d'Avène
Lauroux
Poujols
Soubès
St-Pierre-de-la-Fage
Barre
Labiras
Avène
St-Etienne-de-Gourgas
Arnac-sur-Dourdou
Mélagues
Joncels
Lodève
St-Jean-de-la-Blaquière
Canac
Orb
Boissezon-de-Masviel
St-Amans-de-Mounis
Le Bousquet-d'Orb
Lunas
Le Bosc
Loiras
St-Saturnin
Salelles
Murat-sur-Vèbre
St-Geniès-de-Varensal
Castanet-le-Bas
Graissessac
Caunas
Col de Dio
Celles
Barrage du Salagou
Lac de Laouzas
St-Gervais-sur-Mare
Boussagues
Octon
Clermont-l'Hérault
Cambon-et-Salvergues
Taussac-la-Billière
Le Mas-Blanc
Mérifons
Agout
Monts de l'Espinouse
Rosis
Villemagne
Cirque de Mourèze
6
Salasc
Mourèze
Lamalou-les-Bains
Bédarieux
Nébian
Fraisse-sur-Agout
St-Martin-de-l'Arçon
Colombières-sur-Orb
Les Aires
Lieuran-Cabrières
N9
Le Poujol-sur-Orb
Faugères
Cabrières
Aspiran
Mons
St-Vincent-d'Olargues
La Voulte
Caussiniojouls
Péret
Olargues
Cesso
Suc de Calen 698
Vailhan
Paulhan
St-Etienne-d'Albagnan
Cabrerolles
Roquessels
Fontès
Peyne
Neffiès
Adissan
St-Nazaire-de-Ladarez
Laurens
Tour
Lenthéric
Nizas
Autignac
Fouzilhon
Caux
Ferrières-Poussarou
Berlou
Roquebrun
Le Parc
Montagnac
Lézignan
Coujan
Pouzolles
Margon
Col de Rodomouls
Magalas
Cazillac
Alignan-du-Vent
Cessenon-sur-Orb
St-Geniès-le-Bas
N112
Murviel-lès-Béziers
Coulobres
Pézenas
Puimisson
Babeau-Bouldoux
Combejean
Espondeilhan
Tourbes
7
Pailhes
Caberolles
St-Chinian
Servian
Nézignan-l'Evêque
St-Thibéry
Assignan
Cébazan
Valros
Cazouls-lès-Béziers
Corneilhan
Bassan
Ribaute
Villespassans
Lignan
Masacy
N113
Montblanc
Creissan
Puisserguier
Perdiguier
Boujan-sur-Libron
Cruzy
Maraussan
Bessan
Roueyre
N312
Agel
Maureilhan
Béziers
Sailles
La Tour
Montouliers
Seriège
Cers
La Livinière
Argeliers
Montady
Azillanet
Preissan
Capestang
Poilhes
Villeneuve-lès-Béziers
Mailhac
Colombiers
Portiragnes
Vias
Mirepeisset
Montels
Ouveillan
La Redonde
Nissan-lez-Enserune
Ginestas
10
Le Somail
Serignan
Le Grau-d'Agde
Lespignan
Redoute-Plage
Paraza
Sallèles-d'Aude
N113
Vendres
Sérignan-Plage
Cuxac-d'Aude
A9
Minervois
Salles-d'Aude
Aude
St-Nazaire-d'Aude
Coursan
Valras-Plage
8
Canet
Fleury
Raissac-d'Aude
Vedilhan
Celeyran
Nevian
Vinassan
Cruscades
N113
Narbonne
Cathédrale
Armissan
Montredon-des-Corbières
Bizanet
Le Castellas
Lunes
Moujan
Narbonne-Plage
Château Monplaisir
Gasparets
Abb. de Fontfroide
Bages
Gruissan
St-André-de-Roquelongue
Etang de Bages
Gruissan-Plage
Peyriac-de-Mer
0
10 km
N
© MERIAN-Kartographie

116
113
115
A
B
C
9
10
11
12
Montagne du
St-Jean-du-Bruel
Arphy
Mandagout
St-Martial
Colognac
St-Roman-de-Codières
Tornac
Bréau-et-Salagosse
Le Vigan
Arrigas
Monoblet
Durfort
Cros
Aumessas
Sumène
St-Jean-de-Crieulon
Alzon
Arre
Avèze
Bez-et-Esparon
St-Hippolyte-du-Fort
Cadière
Logrian-
Campestre-et-Luc
St-Bresson
Ganges
Sauve
Montdardier
Cazilhac-Haut
Cazilhac-Bas
Monteulieu
Grotte des Demoiselles
Quissac
Blandas
Vissec
Rogues
Gorniès
Agonès
St-Bauzille-de-Putois
Pompignan
Cirque de Navacelles
Corconne
Claret
Ferrières-les-Verreries
St-Michel
St-Maurice-Navacelles
Montagne de la Séranne
Vacquières
St-André-de-Buèges
Sauteyrargues
St-Jean-de-Buèges
Mas-de-Jourdes
Pegairolles-de-Buèges
Causse-de-la-Selle
Valflaunes
Brestalou
St-Pierre-de-la-Fage
La Vacquerie-et-St-Martin-de-Castries
St-Martin-de-Londres
Ste-Croix-de-Quintillargues
Bénovie
St-Etienne-de-Gourgas
Hérault
Montagne de la Celette
St-Mathieu-de-Tréviers
Buzignargues
Le Triadou
Montaud
St-Jean-de-la-Blaquière
St-Guilhem-le-Désert
Viols-le-Fort
Les Matelles
St-Drézéry
Guzargues
Arboras
Sussargues
Le Bosc
Loiras
St-Saturnin
St-Jean-de-Fos
St-Gély-du-Fesc
Prades-le-Lez
Salelles
Montpeyroux
Argelliers
Murles
Teyran
Aniane
Vailhauquès
St-Clément-de-Rivière
Castries
Barrage du Salagou
St-Guiraud
Lagamas
La Boissière
Montferrier-sur-Lez
Jacou
Clapiers
Gignac
Clermont-l'Hérault
Geyras
St-André-de-Sangonis
Grabels
Cirque de Mourèze
Brignac
Montarnaud
N 109
Popian
St-Paul-et-Valmalle
St-Georges-d'Orques
Pouzols
Nébian
A 75
Canet
Montpellier
N 9
Liausson
Cabrières
Le Pouget
Lavérune
Aspiran
Vendémian
Pignan
Péret
Tressan
Puilacher
Saussan
St-Jean-de-Védas
Lattes
Bélarga
Plaissan
Cournonterral
Fabrègues
Pérols
Fontès
Paulhan
Cournonsec
Maurin
Adissan
Campagnan
Agnac
Mas-de-Mante
Villeneuve-lès-Maguelonne
Palavas-les-Flots
Neffiès
St-Pargoire
Nizas
Boyne
Montbazin
St-Pons-de-Mauchiens
Caux
Lézignan-la-Cèbe
Marcouine
Villeveyrac
Gigean
Mireval
Le Parc
Montagnac
Poussan
Etang de Vic
N 112
Vic-la-Gardiole
Alignan-du-Vent
La Roquette
Balaruc-le-Vieux
Aumes
N 113
Frontignan
Bouzigues
Pézenas
Loupian
Balaruc-les-Bains
Tourbes
Castelnau-de-Guers
Nézignan-l'Evêque
A 9
Mèze
Valros
St-Thibéry
Bassin de Thau
Sète
Pinet
Félines
Montblanc
Pomerols
Villeroy
Florensac
N 312
Bessan
Marseillan
Agde
Portiragnes
Vias
N 112
Le Grau-d'Agde
Port Ambonne
Redoute-Plage
Le Cap d'Agde
Tanger, Oran
Ibiza, Mallorca
Sérignan-Plage
Plage
5
6
10

D
E
F
9
10
11
12
Uzès
St-Siffret
Flaux
Valliguières
Serviers
Montaren
Arpaillargues
St-Maximin
St-Césaire
Massanes
Dezery
Garrigues
St-Bénézet
Lédignan
St-Chaptes
Sauzet
Bourdic
Blauzac
Sanilhac-Sagriès
Collias
Pont du Gard
Castillon-du-Gard
St-Hilaire-d'Ozilhan
Orange
Remoulins
Alzon
Savignargues
Montignargues
La Rouvière
Aubarne
Ste-Anastasie
St-Bauzély
Dions
La Calmette
St-Bonnet-du-Gard
Ledenon
Poulx
Cabrières
Moulézan
Gajan
N 106
A9
Cannes-Clairan
Montmirat
Meynes
Montfrin
Bezouce
St-Gervasy
Les Fontilles
Crespian
Vic-le-Fesq
Parignargues
Marguerittes
Montpezat
NÎMES
Redessan
N 110
St-Côme-et-Maruéjols
Clarensac
Caveirac
Rodilhan
Jonquières-St-Vincent
Fontanès
Manduel
Souvignargues
Langlade
Caissargues
Bouillargues
Beaucaire
Aujargues
Calvisson
Nages
Milhaud
Garons
Congénies
Bernis
N 113
Junas
Aubord
Bellegarde
Aubais
Vergèze
Uchaud
Rhône
Boisseron
Mus
Vestric-et-Candiac
A54
Villetelle
St-Christol
Générac
Ambrussum
Gallargues-le-Montueux
Beauvoisin
Restinclières
Vistre
A9
N 113
Fourques
Lunel-Viel
Aimargues
Vauvert
St-Gilles
ARLES
Lunel
Marsillargues
Le Cailar
Saliers
Valergues
St-Just
N572
Franquevau
Lansargues
St-Nazaire-de-Pézan
St-Laurent-d'Aigouze
Candillargues
N 979
Parc Naturel Régional de Camargue
N62
Aigues-Mortes
N570
Le Boucanet
Le Grau-du-Roi
Astouin
Etang de Vaccarès
Port-Camargue
Phare de l'Espiguette
Parc Ornithologique
Stes-Maries-de-la-Mer
Phare de la Gacholle
Phare de Beauduc
e du Lion
0
10 km
N
© MERIAN-Kartographie

La Cassaigne
Montréal
Fanjeaux
La Force
Arzens
Carcassonne
St-Geniès
Lavalette
La Cité
N113
A61
Berriac
Badens
Barbaira
114
Palaja
Cavanac
Brezilhac
Gayda
Orsans
Ferran
Lavax
Couffoulens
Preixan
Monze
Pradelles-en-Val
Caulet
Gramazie
Belvèze-du-Razès
Cambieure
Malviès
Gaure
Verzeille
Cépie
Pech
Lauquette
Domneuve
Ladern-sur-Lauquet
Fabiès
Trèbet
Alaigne
St-André
St-Hilaire
Caudeval
Pieusse
Gardie
13
Peyrefitte-du-Razès
Limoux
Villebazy
Plateau de Lacamp
Ajac
Castelreng
St-Pierre-
Camon
N118
Les Gélis
Belcastel-et-Buc
Château de Durfort
Magrie
Aude
St-Benoit
Villardebelle
Chalabre
St-Couat-du-Razès
Missègre
Montjoi
Vignevieille
Bouriège
Véraza
Bge de Montbel
Valmigère
Castel-Nègre
Terroles
Lanet
Corneilla
La Serpent
Luc-sur-Aude
Mouthoumet
Peyrolles
Montazels
Albières
Rivel
Rouvenac
Arques
Serres
Espéraza
Col du Paradis
Puivert
N117
Blau
Rennes-les-Bains
Corbières
Quillan
Soulatgé
14
Plateau de Sault
8
Belvis
Coudons
Château de Peyrepertuse
Belvianes-et-Cavir
La Peyre
Caudiès-de-Fenouillèdes
Prugnanes
Espezel
Marsa
Lapradelle
St-Paul-de-Fenouillet
Axat
Niort-de-Sault
Bessède-de-Sault
Puilaurens
Aunat
Castel Fizel
Gorges de St-Georges
Le Clat
Salvezines
Fenouillet
Fontanès-de-Sault
Castel Sabarda
Gorges de l'Aude
Le Vivier
Défilé d'Adouxes
Fenouillèdes
Gincla
Ansignan
Le Bousquet
Mijanès
Rouze
Montfort-sur-Boulzane
Château d' Usson
Roquefort-de-Sault
Sournia
Trilla
Caramany
Bruyante
Rabouillet
Pic Dourmidou
1843
Le Pla
Carcanières
Trévillach
Campoussy
15
Quérigut
Château du Donézan
Col de Jau
Tarerach
Montalba-le-Château
Le Roc Blanc
2542
Mosset
Molitg-les-Bains
Arboussols
Marcevol
Rodès
Puyvalador
Odeillo
Madrès
2469
Urbanya
Campôme
Vinça
Fontrablouse
Réal
Marquixanes
Nohèdes
Formiguères
Conat
Prades
Rià
Mont Coronat
2172
Los Masos
Finestret
Villefranche-de-Conflent
10
Vernet-les-Bains
Les Angles
Lac de Matemale
Jujols
Grottes des Canalettes
Taurinya
Evol
Fuilla
Conflent
Boule
Lac de Bouillousés
Olette
Serdinya
Baillestavy
Défilé des Graüs
Fillols
Gorges de la Carança
Escaro
Pyrénées 2000
La Llagonne
Vernet-les-Bains
Valmanya
Sahorre
Font-Romeu
Odeillo
Mont-Louis
Thuès-entre-Valls
Pic du Canigou
2784
Fontpédrouse
16
Bolquère
Via
N116
Planès
Estavar
Eyne
Pic Redoun
2677
Mantet
Corsavy
Saillagouse
Llo
Cambras d'Aze
2747
Massif du Canigou
Llous
Pic de la Dona
2702
Montferrer
Osséja
Pic du Géant
2882
La Preste
Le Tech
A
B
C

115
D
E
F
13
14
15
16
Villedaigne
Védilhan
Celeyran
Corbières
Montbrun-des-Corbières
Nevian
Vinassan
Douzens
Moux
Luc-sur-Orbieu
Ornaisons
N113
Narbonne
Cathédrale
Armissan
Bizanet
A61
Fontcouverte
Grand Caumont
Boutenac
Le Castellas
Château Monplaisir
Lunes
Moujan
Narbonne-Plage
Alaric
Ferrals-les-Corbières
Gasparets
Abb. de Fontfroide
Bages
Gruissan
Ardolou
Fabrezan
Thézan-des-Corbières
St-André-de-Roquelongue
Etang de Bages et de Sigean
Gruissan-Plage
Ribaute
Lagrasse
Caraguilhes
Montséret
Peyriac-de-Mer
A9
Réserve Africaine
Orbieu
Talairan
Fontjoncouse
Sigean
Port-la-Nouvelle
Berre
Villesèque-des-Corbières
Villerouge-Termenès
Cascastel-des-Corbières
Durban-Corbières
Roquefort-des-Corbières
Villeneuve-les-Corbières
St-Jean-de-Barrou
Fraissé-des-Corbières
N9
Embres-et-Castelmaure
Maisons
Ségure
Feuilla
Caves
La Franqui
Notre-Dame de Faste
Treilles
Leucate
Fitou
Leucate-Plage
Château d'Aguilar
Torgan
Tuchan
Opoul-Périllos
Padern
Paziols
Pas de l'Escale
Etang de Leucate ou de Salses
Port-Leucate
Château de Quéribus
Vingrau
Châteaufort de Salses
Salses
Port-Barcarès
Tautavel
A9
Roboul
N117
St-Hippolyte
Latour-de-France
Estagel
Rivesaltes
St-Laurent-de-la-Salanque
Claira
Cassagnes
Montner
Calce
Baixas
Pia
Torreilles
Caladroi
Bompas
Ermitage
Ste-Marie-Plage
Bélesta
Corneilla-la-Rivière
St-Estève
Ste-Marie
Néfiach
Millas
Baho
PERPIGNAN
N116
Le Soler
Canet-Plage
St-Féliu-d'Avall
Cabestany
Toulouges
Côte Vermeille
Corbère-les-Cabanes
Canohès
Saleilles
Thuir
Théza
Castelnou
Ponteilla
Pollestres
Alénya
St-Cyprien-Plage
Ste-Colombe
Trouillas
Terrats
Montescot
St-Cyprien
Bages
Villemolaque
Elne
Fourques
St-Jean-Lasseille
Palau-del-Vidre
Col de Fourtou
Tordères
Ortaffa
Tresserre
A9
Brouilla
Argelès-Plage
N114
Calmeilles
Bastide
La Grange
St-André
Argelès-sur-Mer
St-Marsal
Oms
Llauro
Collioure
Vivès
Sorède
Taillet
Le Boulou
Cap Béar
Port-Vendres
Céret
Banyuls-sur-Mer
Amélie-les-Bains-Palalda
Albères
Le Perthus
Arles-sur-Tech
Chaîne des Albères
Serra de l'Albera
Grotte de Pouade
Cerbère
SPANIEN
A7
Portbou
Cantallops
0
10 km
N
© MERIAN-Kartographie

T

U

V

Hier finden Sie alphabetisch aufgeführt alle in diesem Band beschriebenen Orte und Ziele, Routen und Touren. Bei einzelnen Sehenswürdigkeiten steht jeweils der dazugehörige Ort in Klammern, bei Hotels steht zusätzlich die Abkürzung H für Hotel. Außerdem enthält das Register wichtige Stichworte sowie alle MERIAN-TopTen und MERIAN-Tipps dieses Reiseführers. Wird ein Begriff mehrfach aufgeführt, verweist die **fett gedruckte** Zahl auf die Hauptnennung im Band.

Liebe Leserinnen und Leser,
wir freuen uns, Ihre Meinung zu diesem Reiseführer zu erfahren. Bitte schreiben Sie uns, wenn Sie Berichtigungen und Ergänzungsvorschläge haben oder wenn Ihnen etwas besonders gut gefällt:

TRAVEL HOUSE MEDIA GmbH, Postfach 86 03 66, 81630 München
E-Mail: merian-live@travel-house-media.de, Internet: www.merian.de

DIE AUTORIN
Diesen Reiseführer schrieb **Gisela Buddée**. Nach einem Pädagogik- und Kunststudium arbeitete sie u. a. als Redakteurin der Hamburger Rundschau und als Lektorin beim Verlag VSA. Seit 1994 lebt und schreibt sie als freie Journalistin in Berlin. Für MERIAN live! hat sie die Bände »Provence«, »Côte d'Azur«, »Ostfriesland mit Inseln«, »Berlin« sowie »Rügen und Hiddensee« verfasst.

Alle Angaben in diesem Reiseführer sind gewissenhaft geprüft. Preise, Öffnungszeiten usw. können sich aber schnell ändern. Für eventuelle Fehler übernimmt der Verlag keine Haftung.

Bei Interesse an Karten aus MERIAN-Reiseführern schreiben Sie bitte an:
iPUBLISH GmbH, geomatics
Berg-am-Laim-Straße 47
81673 München
E-Mail: geomatics@ipublish.de

FOTOS
Titelbild: Pont du Gard (laif/Krinitz); alle Bilder von Th. Stankiewicz außer: Georg Allescher 93; F. M. Frei 4/5, 14, 20, 32/33, 38, 52, 58; Huber/Gräfenhain 36; REA/laif (Christophe Ena) 48; J. Scholten 7, 8, 11, 22, 34, 41, 42, 46, 63, 71, 72, 76, 78, 87, 92, 94; H. Specht/laif 29, 30, 90/91, 98/99

PROGRAMMLEITUNG
Susanne Böttcher
REDAKTION/LEKTORAT
Mareike Windel/Fritz Jensch
GESTALTUNG
wieschendorf.design, Berlin
KARTEN
MERIAN-Kartographie
PRODUKTION
Martina Müller
SATZ
Filmsatz Schröter, München
DRUCK
Appl, Wemding
BINDUNG
Auer, Donauwörth
GEDRUCKT AUF
Luxosamtoffset von Schneidersöhne

1. Auflage
ISBN 3-8342-0009-3

TRAVEL HOUSE MEDIA

Ein Unternehmen der
GANSKE VERLAGSGRUPPE